Digitale Barrierefreiheit für alle!
Ein Sachbuch für gelingende Inklusion
von Peggy Reuter-Heinrich

D1733866

Inhaltsverzeichnis

Widmung und Dank an meine Liebsten

Dieses Buch widme ich meiner Familie und meinen Liebsten. Nur durch ihren Einfluss gibt es überhaupt dieses Buch.

Danke, lieber Papa Heinz-Josef. Du hast mir früh gezeigt, wie man auf gute Weise lehrt. Und Du hast mir wichtige Grundwerte vom Leben vermittelt. Das hat mich inspiriert, dieses Buch zu schreiben. Gespräche mit Dir tragen zu stetiger Verbesserung bei.

Danke, liebe Mama Marika, für das Mitwirken an diesem Buch. Deine Liebe zur Sprache und zu Genauigkeit macht den wesentlichen Unterschied. Besonders danke ich Dir für Deine Inspiration zu sozialer Verantwortung und Engagement.

Danke, mein lieber Bruder Armin, für Dein Mitschreiben, Mitdenken und Mitstreiten. Du machst dieses Buch besser, besonders aber mein Denken und Handeln. Gut, dass Du weitaus mehr als mein Bruder bist.

Danke, mein geliebter Ehemann Lars, für Deine liebevolle Unterstützung von meinen Ideen. Danke auch für Deine Geduld und Liebe bei noch so ausgefallenen Dingen. Besonders Deine Ruhe und Klarheit sowie Dein Wissen helfen mir sehr. Erst so wurde vieles möglich in meinem und unserem Leben.

Einleitung und Vorwort

Digitale Barriere-Freiheit ist ein sehr wichtiges Thema unserer Zeit. Es stellt die Teilhabe am digitalen Leben für alle Menschen sichert. Barriere-Freiheit fällt nicht vom Himmel, sondern ist ein Ergebnis von aktiver Umsetzung in digitalen Lösungen. Leider ist der Fortschritt von digitaler Barriere-Freiheit noch sehr schlecht. Auf irgendeine Art und Weise werden Menschen ausgeschlossen aus dem digitalen Leben. Davon braucht es Menschen, die für digitale Barriere-Freiheit einstehen möchten. Mit großer Dankbarkeit möchte ich hier einige von ihnen zu Wort kommen lassen.

Hermann Scherer, Bestseller-Autor, internationaler Sprecher und Mentor

Wenn man Peggy Reuter-Heinrich nur als Designerin bezeichnen würde, wäre das schlichtweg ein großer Euphemismus. Sie ist wahrlich eine Gestalterin - und zwar eine Gestalterin allererster Natur. Sie gestaltet nicht nur die Persönlichkeit der Menschen ein wenig besser, nicht nur Unternehmen ein wenig besser, nein, sie gestaltet sehr wahrscheinlich sogar Deutschland, Europa, vielleicht sogar die Welt ein bisschen besser als sie vorher war. Sie steht neben all dem, was sie als Unternehmerin tut, vor allen Dingen für Eines: Für Gerechtigkeit und damit für den nächsten Schritt. Ja, sie steht für den nächsten Schritt der Demokratie, nämlich für die absolute Barriere-Freiheit. Und auch da ist Peggy Reuter-Heinrich, wenn sie über Barriere-Freiheit spricht, längst eine Stufe weiter.

Es geht ihr natürlich nicht nur, und gar nicht insbesondere, um Rollstuhl-Fahrer und Co., sondern es geht um die Barriere-Freiheit der IT. Sie will damit den Menschen den Zugang zu der Ressource ermöglichen, die tatsächlich alles andere ermöglicht. Nämlich Wissen ermöglicht, Weiterbildung ermöglicht, Anschluss

ermöglicht, damit auch Kaufkraft entwickelt und alle Möglichkeiten gestaltet. Kurzum: Das Leben nicht nur einer einzelnen
Person oder eines Unternehmens, sondern vielleicht sogar von
ganzen Ländern oder Kontinenten barrierefreier, zugänglicher und
damit großartiger zu machen. Und somit gibt sie jedem einzelnen
Menschen die Möglichkeit, vom Opfer zum Gestalter zu werden
und damit das eigene Leben zur Meisterschaft zu führen.

Ihr Buch über Barriere-Freiheit ist wohl der wichtigste Grund-
stein für den noch langen Weg zu einer menschenfreundlichen
digitalen Welt. Es sollte daher zwingend zur Pflicht-Lektüre, ja zum
Standard-Werk werden. Diese Frau sollte, nicht nur in Deutschland, die Bühnen erobern und die Menschen zu Barriere-Freiheit begeistern. Nicht zuletzt sollte sie baldigst auch von vielen
Regierungsorganisationen gerufen werden, um genau das IT-welt-
weit zu beheben, was heute noch so schwierig ist – nämlich die
Barrieren.

Professor Dr. Günther Hellberg, IT-Beratung, Software-Engineering

Ich durfte Peggy Reuter-Heinrich als einen Menschen kennenlernen, der sowohl fachlich fundiert als auch ethisch agiert. Auf
diese Weise verbindet sie Traditionen mit Innovation auf eine
fantastische Weise. Als sie mir von ihrer Idee und von diesem
Buch erzählte, war ich spontan gleichermaßen begeistert und
gespannt, wie sie wohl dieses Thema darstellen würde. Durch ihre
Erfahrung als UX-Designerin und aus zahlreichen IT-Projekten ist
es ihr vortrefflich gelungen, das Thema Barriere-Freiheit in der
IT strukturiert vorzustellen und die immense Bedeutung klar zu
rücken! Aus meiner Sicht kommt keine Behörde, Organisation
und kein Unternehmen in der nächsten Zeit an diesem extrem
wichtigen Thema vorbei.

Seit ich bereits in den Anfängen meines Studiums mit den Herausforderungen der Software-Ergonomie konfrontiert wurde, reifte auch in mir das starke Bedürfnis nach einfach und gut bedienbarer Software. Die Krönung dessen stellt aus meiner Sicht die Gestaltung von barrierefreier Software und Systemen dar.

Lassen Sie es mich so ausdrücken: Wer sich in heutiger Zeit nicht um Barriere-Freiheit in der IT kümmert, „diskriminiert" damit einen Teil der Menschen.

Peggy Reuter-Heinrich hat mit diesem Buch ein umfassendes und gut strukturiertes Grundlagen-Werk zum Thema „ Barriere-Freiheit in der IT" geschaffen, an dem kein Unternehmen bzw. keine Entscheiderin oder Entscheider vorbeikommen wird!

Ich werde dieses Buch in jeder Form gerne unterstützen und danke Peggy von Herzen, dass sie sich dieses Themas mit so viel Fachkunde und Präzision angenommen hat.

Damir Tomicic, IT-Unternehmer, Vorstand IT-Verband und Freund

Seit vielen Jahren kämpfen wir für einen einheitlichen digitalen Markt in Europa, für einheitliche Regelungen und für einen besseren Zugang zu den digitalen Produkten. Mehr Kunden bedeuten mehr Umsatz, was wiederum mehr Wohlstand bringt. Dabei vernachlässigen wir die Mitglieder unserer Gesellschaft, die nicht in der Lage sind, die Vorteile der aktuellen digitalen Produkte zu nutzen, weil sie für sie unzugänglich sind. Von Kindesbeinen an ist uns Barrierefreiheit ein Anliegen. Eine inklusive Gesellschaft muss für alle Menschen uneingeschränkte Zugänglichkeit bieten, unabhängig davon, ob sie eine Beeinträchtigung haben oder nicht. Was uns heute so selbstverständlich erscheint, wurde über einen langen Zeitraum hinweg erkämpft. Aber wenn man älter wird, vergisst man oft, wie herausfordern manche Tätigkeiten waren, als man noch ein Kind war. Erst mit zunehmendem Alter werden den Menschen diese Probleme wieder schmerzlich bewusst.

Jeder Mensch hat das Recht, über sein Leben selbst zu bestimmen, unabhängig von Alter, Identität oder Behinderung. Diese Denkweise hat erst in jüngster Zeit im Zusammenhang mit dem sozialen und politischen Wandel an Bedeutung gewonnen. Fast alle Aspekte unseres Lebens sind von der Barrierefreiheit betroffen. Die uneingeschränkte Zugänglichkeit der Medien wird aber für die Gesellschaft immer wichtiger, vor allem im Hinblick auf die fortschreitende Entwicklung der Digitalisierung. Einerseits sind viele Medienangebote heute besser lesbar, navigierbar und benutzerfreundlich.

Die Barrierefreiheit wird aber in diesem Bereich noch mehr an Bedeutung gewinnen müssen, da das Internet und die damit verbundenen Endgeräte einen immer größeren Stellenwert im täglichen Leben einnehmen. Nur so kann gewährleistet werden, dass alle Personengruppen auch in Zukunft frei und unabhängig partizipieren und sich informieren können. Technologischer Fortschritt bedeutet auch soziales Wachstum. Das Thema Barrierefreiheit ist äußerst vielfältig und mitunter komplex.

Das Buch „Digitale Barrierefreiheit für alle!" meiner guten Freundin Peggy Reuter-Heinrich beschreibt in einfacher, verständlicher Sprache, wie Inklusion und Teilhabe durch Barrierefreiheit erreicht werden können und bietet wesentliche Handlungsanweisungen für alle, die an der Erstellung und Verwaltung digitaler Lösungen beteiligt sind.

Die Autorin verweilt nicht zu lange bei einem bestimmten Thema. Trotzdem sind die Beschreibungen der Erfahrungswelten aufschlussreich, interessant und inhaltsreich. Sie sind das Ergebnis umfangreicher Recherchen und jahrelanger Untersuchungen zum Thema und bieten eine praktische Zusammenfassung der wichtigsten Erkenntnisse, die für die Erstellung zugänglicher digitaler Angebote entscheidend sind. In meinen Augen ist das Buch ein sehr wichtiges Kompendium und ein unverzichtbarer Begleiter auf der barrierefreien Gestaltungsreise.

Das sagen Leser über dieses Buch und zu digitaler Barriere-Freiheit

T. Lambert, Entwickler
„Aus Sicht des Programmierers weiß ich, wie sehr meine Berufs-
gruppe dazu beitragen kann, Software für alle besser zu machen.
Daher bin ich froh, mit diesem Buch einen Leitfaden zur Hand zu
haben, der weit über das, was mich betrifft, hinausgeht."

Y. Alabdoun, Content-Manager
„Tolles Buch! Ich konnte neue Konzepte im Bereich Barriere-
Freiheit in der IT-Welt einfach erlernen. Obwohl meine Mutter-
sprache nicht Deutsch ist, war die Sprache des Buches leicht
zu lesen und zu verstehen. Ich finde das Interesse an der Über-
mittlung von Informationen auch an ausländische Mitbürger
großartig von der Autorin. Danke dafür."

A. Reuter, IT-Projektleiter
"Als IT-Projektleiter habe ich bei Aspekten für barrierefreie
IT-Lösungen sehr viel dazu lernen können. So umfassend und
ganzheitlich wurde digitale Barriere-Freiheit noch nie in einem
Buch betrachtet. Vieles davon kann ich in meine Projektarbeit
übernehmen. Zugegeben, ein Buch in Leichter Sprache ist anfäng-
lich zwar ungewohnt, im Sinne gelingender Inklusion, aber nur
konsequent."

L. Heinrich, IT-Unternehmer
„Als Geschäftsführer und technischer Leiter muss ich mich dem
Thema „Digitale Barriere-Freiheit" stellen, um auch noch in
Zukunft in der geforderten Qualität liefern zu können. Dieses
kompakte Handbuch hat mir sehr geholfen, das Thema schnell und
einfach zu erschließen. Das Buch werde ich meinen Entwicklern
nun als Pflicht-Lektüre auf den Tisch legen."

M. Arzt, UI-Designerin
"Ich habe das Buch, nachdem ich es in den Händen hielt, direkt verschlungen. Da mich das Thema brennend interessiert, bin ich sehr glücklich über meinen Kauf. Das Buch bringt die wichtigsten Aspekte im Thema Barriere-Freiheit in der IT-Welt auf den Punkt. Es enthält ein paar Dinge, die ich schon kannte, aber auch sehr viel Neues."

C. Schopp, Software-Entwickler
"Ich habe schon den Online-Kurs zu Barriere-Freiheit der Buch-Autorin gerne genutzt. Dazu ist das Buch eine sehr sinnvolle Ergänzung. Es hilft, sich im Dschungel der Barriere-Freiheit und seinen Regeln besser orientieren zu können. Dieses Buch ist für jeden IT-Schaffenden absolut empfehlenswert als Einstieg in digitale Barriere-Freiheit."

T. Wenk, UI-Designerin
"Barriere-Freiheit ist ein Thema, das – wie ich finde – längst überfällig ist, aufgegriffen zu werden. Meiner Ansicht nach ist das Buch ein wirklich wunderbarer Einstieg in die Welt der Barriere-Freiheit in der IT, ganz besonders für Menschen, die an der Erstellung von IT-Produkten beteiligt sind. Mein Fazit: Das Buch hat mich überzeugt und ich habe mich gleich noch bei dem Online-Kurs angemeldet."

A. Gräf, Texterin
„Dieses großartige Buch hat mir die Augen geöffnet, dass Menschen mit Einschränkungen nicht nur körperlich in ihrem Alltag auf Barrieren stoßen, sondern dass dies auch massiv im IT-Bereich geschieht. Für mich als Texterin ist diese Erkenntnis sehr wichtig. Mir wurde durch dieses Buch erst bewusst, dass auch ich zu einer barrierefreien Welt beitragen kann und insofern mit Verantwortung trage."

M. Chung Dhin, Web-Entwickler
"Ein tolles ausführliches Buch über Barriere-Freiheit in der IT.
Ich bin mit dem Buch sehr zufrieden. Sehr gut aufgebaut und die
Zusammenhänge und Tipps sind gut erklärt. Der Schreibstil ist
einfach gehalten, sachlich, klar und gut verständlich. Ich kann es
sehr empfehlen."

S. Weißkopf-Krebs, GF-Assistentin
"Ein praktischer Begleiter, um in das Thema IT und Inklusion ein-
zutauchen! Viele praktische Tipps zur Umsetzung sowie zahlreiche
Hintergrund-Informationen runden das gelungene Buch ab. Als
besonderen Bonus gibt es viel Wissenswertes zum Thema Leichte
Sprache."

Der Anfang von etwas Größerem

Mein Beitrag zur Welt-Verbesserung oder warum das Ganze überhaupt ...

„Im Grunde sind alle Menschen behindert. Der Vorzug von uns Behinderten allerdings ist, dass wir es wissen."
Das sagte Wolfgang Schäuble 2006 in einem Fokus-Interview über sein Leben im Rollstuhl. Ich weiß es für mich. Und Sie?

Viele Menschen werden zuweilen behindert - im realen und im digitalen Leben. Besonders hart trifft eine Behinderung von außen aber Menschen mit Einschränkungen. Behindert durch Barrieren werden diese Menschen von der Teilhabe am Leben ausgeschlossen.

Dieses Buch zeigt, wie man Teilhabe und Zugehörigkeit für alle Menschen ermöglicht. Dabei dreht es sich besonders um Teilhabe auch am digitalen Leben. Es geht also um etwas so Wichtiges wie das Menschen-Recht auf Teilhabe. Dieses Menschen-Recht auf Teilhabe wird leider oft verletzt in der digitalen Welt. Jeder Mensch hat ein Recht auf Teilhabe, besonders aber Menschen mit Einschränkungen. Wir alle wünschen uns gelingende Inklusion in allen Lebensaspekten. Leider herrscht in der digitalen Welt oft sogar Exklusion vor. Das geschieht frei von bösem Willen oder einem absichtlichen Ausschließen. Über Inklusion im Zusammenhang mit Digitalem wird einfach weniger nachgedacht.

Bei Inklusion denkt man an das Brett vor der Türe für Roll-Stuhl-Fahrer. Genau das ist aber auch das Brett vor dem eigenen Kopf. Dieses verhindert dann die gelingende Inklusion auch im digitalen Leben. Für Menschen mit Einschränkungen fehlt oft etwas zum Dabeisein und zur Teilhabe. Deshalb können sie das Geschehen nur in Teilen erleben und selten mitmachen. Besonders Menschen mit Einschränkungen stoßen oft auf Barrieren auch im digitalen Alltag. Diese Barrieren innerhalb der IT-Welt behindern sie geradezu. Dadurch werden sie eigentlich erst zu Behinderten gemacht. Deshalb ist es so wichtig, Wege zu finden, um Barriere einfach abzubauen.

Ich fordere daher „Digitale Barriere-Freiheit für alle". Das ist meine Mission und dafür setze ich mich voll und ganz ein. Nur durch diese digitale Barriere-Freiheit wird das Menschenrecht zur Teilhabe umgesetzt. Das gilt auch für das digitale Leben.

Mein Name ist Peggy Reuter-Heinrich. Ich bin seit 12 Jahren IT-Unternehmerin und von Beruf UX-Designerin. Seit fast 30 Jahren kümmere ich mich um die Gestaltung von digitalen Produkten. Dabei lege ich den Fokus darauf, wie Menschen solche digitalen Lösungen erleben. Das ist diese so genannte User Experience, also UX. Ich bin in der glücklichen Lage, gut sehen und visualisieren zu können. Das Visuelle ist auch meine berufliche Fähigkeit, das macht mich aus. Mit meinen „guten Augen" und meiner Kreativität gestalte ich hochwertige Design-Lösungen. Das tue ich für verschiedene digitale Produkte wie Webseiten, Software, Apps oder Multimedia-Dinge.

Vielleicht fragen Sie sich, was das mit Behinderungen, Teilhabe, Inklusion und Barriere-Freiheit zu tun hat. Bei einem Sommerfest in 2018 konnte ich in einer Test-Strecke verschiedene Einschränkungen und Behinderungen erproben. Meine schlimmste Angst habe ich dabei erlebt, wie es wäre, blind zu sein. Mit einer Binde um meine Augen plötzlich war alles schwarz. Ich konnte nichts mehr sehen, nichts war da, alles war schwarz. Informationen zu meinem Umfeld fehlten in meiner Wahrnehmung. Alles Wesentliche fehlte sowohl zu den Gegenständen als auch zu Menschen um mich herum. Deshalb habe mich orientierungslos und wirklich hilflos gefühlt. Ja, sogar ausgeschlossen aus allen Aspekten von meinem Leben fühlte ich mich. Ich war beraubt von jeder Möglichkeit zur Teilhabe und zum Mitmachen. Das hat mir Angst gemacht und mich sehr nachdenklich gestimmt. Meine Berufstätigkeit UX-Design wäre mit einer Erblindung beendet. Blind wäre ich arbeitsunfähig. Ich könnte meinem Beruf nicht mehr nachgehen. Das ist meine größte Angst. Kennen Sie auch das Gefühl von Angst? Angst durch Orientierungs-Losigkeit, Hilf-Losigkeit oder Arbeits-Unfähigkeit?

Stark motiviert von diesem Gefühl habe ich begonnen zu forschen. Wie würde es sich anfühlen, all das am Computer zu erleben? Wäre dort auch alles schwarz und nichts mehr da? Alles, was man im digitalen Leben nutzt, wird doch an Monitoren erst sichtbar. Der Gedanke hat mich weiterhin begleitet, und ich habe weiter getestet. Ich habe mit einer Augenbinde alle möglichen digitalen Dinge versucht zu nutzen. Technisch ist mir als IT-lerin das ja durchaus möglich: Einfach über die Tastatur sich durch digitale Lösungen und Webseiten bewegen. Dabei hieß es dann hinhören, was mir die Computer-Stimme erzählt. Bis auf das Betriebs-System ging aber kaum noch etwas. Essen-Lieferung, Kosmetik, Shopping, Bahnticket kaufen, Amtsantrag-Formular, Social-Media-Nutzung, Fach-Information lesen, filmische Unterhaltung. Nada, niente, nichts. „Die digitale Realität ist aber wirklich schlimm für die Nutzer. Die IT schafft somit ja wirklich Exklusion.", habe ich gedacht. Das ist eine Verletzung von Menschen-Rechten von Behinderten. Teilhabe-Recht steht Menschen mit Behinderungen nach UN-Behinderten-Recht schon seit 1947 zu.

Im Jahre 2019 habe ich den Schlüssel zur Lösung erlebt. Das geschah auf einer Microsoft-Konferenz in Redmond. Ich beobachtete, wie ein augenscheinlich blinder Entwickler sehr gut seinen Computer steuerte. Er arbeitete hoch professionell damit in der üblichen Programmierer-Software. Im Gespräch erzählte er mir, dass er blind ist UND leitender Software-Entwickler bei Microsoft. Detailliert zeigte er mir, wie er mit Computer und Software arbeitet. Er nutzte dabei nur die Tastatur – also über seinen Tastsinn. Die in der Software hinterlegten Informationen zu allen sichtbaren Inhalten wurde vorgelesen. Im Grunde schien es recht einfach. Die IT überbrückte den fehlenden Seh-Sinn zum Hör-Kanal. Er hat mir auch erklärt, was der Schlüssel ist – nämlich digitale Barriere-Freiheit.

Meine Erkenntnis war, dass das alles durchaus eine Heraus-Forderung ist. Hier spielen nämlich 3 wichtige Dinge zusammen als Voraus-Setzung: Die Entscheidung auf Unternehmens-Ebene zu einer gerechten Teilhabe von allen Menschen. Das Bieten von einem barrierefreien Rahmen in IT-Hardware und insbesondere in digitalen Lösungen. Den betroffenen Menschen mit seinem Willen, seinen Fähigkeiten einzubringen - trotz Einschränkungen.

Mir wurde ebenfalls klar: Die IT kann schlimmstenfalls Barriere sein und im besten Fall Brücken bauen. Die IT ist dann der Schlüssel, dass Menschen teilhaben, mitmachen und arbeiten können. Diese Erkenntnis hat mich als UX-Designerin, IT-lerin und Unternehmerin verändert. Nun habe ich mich insgesamt und ganzheitlich dem Thema „Digitale Barriere-Freiheit" verschrieben. Ich wünsche Ihnen viel Freude und Erkenntnisse, besonders aber Anregungen zum Handeln. Nur gemeinsam können wir die IT-Welt zum Besseren verändern.

Eine Einleitung sowie die Bedeutung von diesem Buch und Barriere-Freiheit

Herzlichen Glückwunsch zur Entscheidung für dieses Buch und zu „Digitale Barrierefreiheit für alle". Damit erhalten Sie einen Wissens-Vorsprung in einem für alle Menschen wichtigen Thema. Sie zeigen zudem Verantwortung für Teilhabe am digitalen Leben von benachteiligten Menschen.

Mein Name ist Peggy Reuter-Heinrich. Ich bin die Autorin und von Beruf UX-Designerin. In meinem Berufsalltag gestalte ich verschiedene digitale Lösungen. Dadurch habe ich einen speziellen Blick auf die Nutzer von digitalen Lösungen. Ich unterrichte auch zu Themen aus Design und IT. Digitale Barriere-Freiheit oder eine barrierefreie digitale Welt gehören inhaltlich dazu. Als Unternehmerin leite ich die Dresdener IT-Firma HeiReS® zusammen mit meinem Ehemann. Zur Welt-Verbesserung habe ich zudem die gemeinnützige Firma IT hilft gGmbH gegründet.

Mein Beweggrund zu diesem Buch ist der Wunsch nach einer gerechteren menschen-freundlichen IT-Welt. Möglichst viele Menschen sollen mehr über gelingende Inklusion und Barriere-Freiheit wissen. Barriere-Freiheit ist für viele Menschen wichtig. Sie schafft Teilhabe am digitalen Leben. Dieses Buch soll Ihnen helfen, das Thema digitale Barriere-Freiheit einfach zu erschließen.

Das Buch ist aufgeteilt in große Themen. Diese enthalten viele leicht verständliche Kapitel. Diese schließen mit praktischen kleinen Übungen zum Nachdenken und Umsetzen ab. Am Ende sind Sie bestens vorbereitet, das große Thema Barriere-Freiheit selbst anzugehen.

Am Anfang kläre ich die 5 großen Irrtümer rund um Barriere-Freiheit auf. Diese sind der Grund, warum Teilhabe am digitalen

Leben leider oft scheitert. „Betrifft mich nicht. Brauche ich nicht. Lohnt sich nicht. Habe ich schon. Kostet zu viel". Danach werden Sie die echte Notwendigkeit von digitaler Barriere-Freiheit wirklich erkennen. Sie werden verstehen, dass nur durch Barriere-Freiheit echte Teilhabe entstehen kann. Teilhabe ist, was ein gutes Zusammenleben von allen Menschen in Vielfalt ermöglicht. Ich werde Ihnen ein tiefes Verständnis für alle grundlegenden Behinderungen geben. Sie erhalten einen Überblick zu einzelnen Gesetzen und Barriere-Freiheit als Menschen-Recht. Zudem erkläre ich, für welche Medien Barriere-Freiheit verpflichtend ist.

Verantwortung für Inklusion und Nutzen von Barriere-Freiheit werden sich so erschließen. Sie werden sehen, wer für Inklusion zuständig ist. Auch werden Sie erkennen, wie diese gemeinsam gelingen kann. Das geschieht im Miteinander von Betroffenen, Staat, Organisationen und Unternehmen. Es ist die Basis für gelingende Inklusion. Sie erkennen auch Nutzen und Vorteile für sich.

Sie erhalten eine verständliche Erklärung zu allen 98 Regeln von der BITV. Diese sind als Vorgabe per Gesetz verpflichtend einzuhalten in digitalen Lösungen. Die Barrierefreie Informations-Technik-Verordnung (BITV) ist die wesentliche Grundlage. Durch korrekte Umsetzung von der BITV entsteht erst die Barriere-Freiheit in IT-Lösungen. Einfach nachvollziehbar und praktisch erklärt werden Sie so die BITV für sich erschließen. So können Sie Barriere-Freiheit selbst beurteilen und Ihr Wissen für sich anwenden.

Um die echte Umsetzung von Barriere-Freiheit durch IT-Schaffende geht es als Nächstes. 6 Berufs-Gruppen sind verantwortlich dafür, dass Barriere-Freiheit umgesetzt wird. Daher gibt es Tipps für Entscheider, Konzepter, Texter, Designer, Entwickler und Tester.

Das nächste Thema ist die so genannte Leichte Sprache – so wie in diesem Buch genutzt. Gerade in IT-Lösungen sind in Leichter Sprache geschriebene Texte besonders wichtig. Sie lernen alle wichtigen Grundregeln. Danach können Sie selbst in Leichter Sprache schreiben und Kompliziertes übersetzen. So wird Leichte Sprache in Ihren digitalen Lösungen leicht durch Sie umsetzbar.

In einem Extra-Kapitel widme ich mich auch den so genannten BITV-Tests. Sie lernen Wege, wie Sie Ihre digitalen Lösungen selbst prüfen können. Sie gewinnen zudem ein Verständnis dafür, was einen guten Bericht zu Barriere-Freiheit ausmacht.

Natürlich erhalten Sie auch Informationen über mich und meine Expertise. Auch erfahren Sie, welche Möglichkeiten Sie gemeinsam mit mir haben. Ich bin überzeugt, dass nur gemeinsam Inklusion in der digitalen Welt gelingen kann. Daher möchte ich mich gerne mit Ihnen vernetzen.

Am Ende zeige ich Ihnen verschiedene weiterführende Möglichkeiten zur Umsetzung von Barriere-Freiheit. Das sind Vorträge, Online-Kurse, Leichte Sprache, Erklär-Videos, BITV-Berichte und Fach-Beratung sowie System. Damit bauen Sie digitale Barriere-Freiheit in Zukunft praxisnah und professionell auf.

Im Abschluss erhalten Sie viele direkte Kontakt-Daten zu Verbänden und Menschen, die sich für Inklusion einsetzen. Lassen Sie uns gemeinsam die digitale Welt freundlicher für ALLE Menschen machen.

Meine Mission und Vision bei diesem Buch und der digitalen Barriere-Freiheit an sich

Meine persönliche Mission ist eine barrierefreie digitale Welt, eine Welt, an der alle Menschen teilhaben können. Auch im digitalen Leben sollte die Inklusion doch irgendwann gelingen. Dafür müssen innerhalb von allen digitalen Lösungen bestehende Barrieren abgebaut werden. Inklusion zusammen mit Computer-Themen ist für viele Menschen eher eine schwierige Mischung. Leider interessieren sich nur wenige Menschen wirklich dafür. Das liegt auch daran, dass ihnen häufig der Zugang fehlt. Vielleicht denken auch Sie, dass ja eh nur andere davon betroffen sind.

Wohl auch deshalb wird mein Buch von anderen eher als Nischen-Thema abgetan. Alternativ wird es auch gerne mal als reines IT-Fachbuch für IT-Spezialisten eingestuft. Beide Vorurteile meinem Buch gegenüber treffen keineswegs zu. Inklusion im digitalen Leben geht nämlich alle Menschen etwas an. Dieses Buch hat im Grunde eine ganz breite Zielgruppe. Eigentlich ist es etwas für jeden Menschen. Mindestens sollten es aber Leute lesen, die etwas mit IT zu tun haben.

Für klassische Verlage hat mein Buch leider zu wenig Verkaufs-Potenzial. Mit einem guten Verlag zusammen könnte dieses Buch schwierig werden, sagte man mir. Ich habe sehr viele Einwände gehört, die dieses Buch verhindert hätten. Das hätte mich ent-mutigen können und vielleicht hätte ich aufgegeben. Trotzdem entschloss ich mich, mein Buch zu Barriere-Freiheit mutig selbst anzugehen. Ich habe dieses Buch zu meinem Herzensthema Barriere-Freiheit also einfach geschrieben. Darin teile ich meine Leidenschaft und mein Wissen mit anderen. Es soll nämlich Menschen helfen, selbst zum Mitgestalter gelingender Inklusion zu werden.

Die Firma HeiReS hat mich dann schlussendlich als Verleger unterstützt. Sie haben Korrektur gelesen und das Buch gestaltet und gesetzt. Zudem haben sie Handel und Vertrieb übernommen, damit es ein Verkaufserfolg werden kann. Das verdanke ich auch im Kern meinem geliebten Ehemann Lars. Der unterstützt mich schon seit vielen Jahren in all meinen verrückten Ideen. Nur durch ihn, meine Familie und mein Team darf ich mein Buch in den Händen halten. So wie Sie nun auch! Wir hoffen gemeinsam, dass es Sie inspiriert, die IT-Welt menschen-freundlicher zu machen.

Mehr Barriere-Freiheit in der digitalen Welt ist meine persönliche Herzens-Angelegenheit. Durch eine barrierefreie IT-Welt wird das Menschen-Recht auf Teilhabe von benachteiligten Menschen umgesetzt. Mein Ziel mit diesem Buch ist, jedem Menschen dieses ernsthafte Thema nahezubringen.

Ein gedrucktes Buch ist Neuland für mich als Autorin und für HeiReS als Verleger Neuland. Dieses Buch ist ein mutiger erster Schritt zu etwas weitaus Größerem. Ich möchte Inklusion und IT mit Leichtigkeit rüberbringen und zum Handeln inspirieren. Als leichtes Taschenbuch können Sie so das Thema zu Ihrem Begleiter im Alltag machen.

Mein Schreibstil in Leichter Sprache hilft dabei, das Thema leicht zu verstehen. Dieser Stil ist vielleicht etwas verwunderlich für Sie beim Lesen. Leichte Sprache ist nämlich eigentlich für Menschen mit Lern-Schwierigkeiten geschaffen worden. Die Leichte Sprache verfolgt klare Regeln, die ich so gut wie möglich angewendet habe. Manches habe ich locker genommen, so dass es eher einfache Sprache ist. Dieses Buch soll für alle Menschen angenehm und leicht zu lesen sein. Nur so erzeugt es die Wirkung, die ich mir damit erhoffe. Möglichst viele Leser sollen dadurch zu aktiven Mit-gestaltern von gelingender Inklusion werden.

Dieses Buch behandelt ein aktuelles Thema. Viele Dinge sind im Wandel. Um es stetig zu verbessern, produzieren wir es nur in kleinen Auflagen.

Gerne können Sie mir Ihre Meinung und inhaltliche Anregungen senden. Dafür schreiben Sie bitte an die E-Mail-Adresse buch@heires.net.

Das aktuelle Buch „Digitale Barrierefreiheit für alle" gibt es in verschiedenen Formaten. So kann jeder Mensch es nach eigenen Bedürfnissen nutzen. Wir haben das Buch in vier Versionen für Sie zur Verfügung gestellt.

- Ein gedrucktes Taschenbuch mit über 220 Seiten in angenehm lesbarer Schrift und guter Gestaltung. So ist es eine praktische Begleitung für Ihren Alltag.

- Das barrierefrei aufgearbeitete PDF können Sie barrierefrei bedienen. Auch können Sie es sich vorlesen lassen mit Ihrem Computer oder Handy.

- Als von mir selbst eingesprochenes „Hör-Buch". Sie können sich den Inhalt anhören, wo auch immer Sie sind.

- Als so genanntes E-Book für entsprechende Geräte zum digitalen Lesen von Büchern nutzbar.

Für spätere Auflagen von diesem Buch plane ich weitere schöne Dinge. Die nächste größere Auflage wird auf Öko-Papier gedruckt werden. Das ist viel besser für die Umwelt. Auch wünsche ich mir ein paar schöne Bilder und Grafiken in dem Buch. Ergänzend eingedruckte Blinden-Schrift wäre besonders toll, aber das ist schwierig. An Inhalten wird bestimmt auch noch etwas Spannendes dazu kommen.

Zudem hätte ich gerne noch weitere Vorworte zum Thema Barriere-Freiheit. Sicher geplant ist dieses Buch übersetzt in die englische Sprache. So hilft es noch mehr Leuten. Auf der berühmten Buch-Messe 2022 in Frankfurt werde ich dabei sein.

Diese besonderen Dinge für ein barrierefreies Buch werden viel Geld kosten. Sie als Käufer von diesem Buch leisten daher einen wichtigen Beitrag für die Zukunft. Persönlich möchten aber weder der Verlag noch die Autorin an dem Buch Gewinn machen. Teile von den Buch-Einnahmen dienen gemeinnützigen Zwecken. Diese sind zum Beispiel das Forschen rund um Barriere-Freiheit. Für Ihren Kauf und Ihre Unterstützung danken wir Ihnen von ganzem Herzen.

Einladung zum Nachdenken und Umsetzen

Wie ist Ihre Verbindung zu dem Thema Barriere-Freiheit und zur digitalen Welt? Haben Sie spezielle Heraus-Forderungen, bei denen Sie Hilfe brauchen? Denken Sie mal über Ihre Perspektive nach. Mich interessiert wirklich, was Sie machen und was Sie bewegt. Schauen Sie rein bei www.peggy-reuter-heinrich.net. Oder schreiben Sie an buch@heires.net.

Raum für Ihre Notizen

_____

_____

_____

_____

_____

_____

_____

_____

_____

_____

_____

_____

Barriere-Freiheit verstehen

Die Top-Irrtümer zu Barriere-Freiheit

Irrtum 1: Betrifft mich nicht

Schwierigkeiten bei der Nutzung von IT-Lösungen fangen schon im Kleinen an. Oft vergessen oder ignorieren IT-Schaffende leider diesen traurigen Umstand. Daher erhalten Sie nun ein paar Informationen, wie das in Deutschland aussieht:

- 35 Prozent von den Deutschen benötigen eine Brille zum Lesen am Handy oder am Computer.

- 10 Prozent von allen Männern leiden unter Farbseh-Schwächen. Sie sehen auch die IT-Welt grau in grau.

- 25 Prozent von den in Deutschland lebenden Menschen haben Sprach-Barrieren. Sie verstehen Deutsch nur schlecht.

- 14 Prozent von allen Erwachsenen sind so genannte funktionale Analphabeten. Sie können nur schlecht Lesen und Schreiben.

- 20 Prozent sind als Senioren mit neuen Technologien über-fordert. Vieles ist zu schwierig in der Nutzung oder zu klein zum Bedienen.

- 10 Prozent von den Bedürftigen fehlt Unterstützung durch Geld oder andere Hilfen. Sie sind von den Anträgen überfordert, weil diese insgesamt zu kompliziert sind.

- 30 Prozent von allen Internet-Seiten sind auf Mobil-Telefonen kaum bedienbar. Über 50 Prozent von den Internet-Seiten werden über das Handy genutzt.

Diese Angaben sind nur ungefähre Prozent-Werte. Sie beziehen sich auf die Bevölkerung von Deutschland im Jahr 2021. Die Quellen dazu sind statista.com, wikipedia.org, bpd.de und google.com

Diese Beispiele sind nur eine kleine Auswahl von vielen vermeintlich kleinen Problemen. Aber gerade diese erschweren die barrierefreie Nutzung von digitalen Lösungen. Im Grunde ist fast jeder Mensch irgendwie betroffen von fehlender Barriere-Freiheit. Ja, IT-Lösungen behindern teilweise jeden Menschen irgendwie. Das betrifft auch Sie in irgendeiner Form, wenn Sie mal darüber nachdenken.

Und nun stellen Sie sich vor, Sie hätten eine wirkliche Behinderung. Wenn das schwerfällt überlegen Sie, welcher Mensch in Ihrem Umfeld betroffen ist. Jeder hat mindestens einen Menschen mit einer anerkannten Behinderung im Umfeld.

Die Barrieren in der digitalen Welt betreffen Menschen mit Einschränkungen sehr hart. Barrieren verwehren diesen Menschen nämlich die vollwertige Teilhabe am digitalen Leben. Die fehlende Barriere-Freiheit hindert Menschen am Recht auf Teilhabe. Im Grunde stellt das eine Verletzung vom weltweiten Menschen-Recht auf Teilhabe dar. Es ist eine Diskriminierung von Menschen mit Behinderungen und Einschränkungen. Das verletzt sogar ihre Menschen-Würde, die ihnen nach dem deutschen Grundgesetz zusteht.

Irrtum 2: Brauche ich nicht

Bei kommerziellen digitalen Lösungen und Produkten kommt es meistens auf Reich-Weite an. Firmen möchten immer möglichst viele potenzielle Nutzer und Kunden für ihre Produkte. Der logische Rück-Schluss ist daher, alle denkbaren Ziel-Gruppen einzubeziehen. Sinnvollerweise gehören also auch Menschen mit Einschränkungen zur Zielgruppe. Sonst wechseln sie vielleicht zur Konkurrenz oder erhalten dort, was sie benötigen. Eigentlich ist die Chance auf mehr Geld genug Anreiz für ein Umdenken. Neben den wirtschaftlichen Aspekten ist Barriere-Freiheit auch eine moralische Frage-Stellung. Egal warum - zukünftig werden sich Firmen auch für Barriere-Freiheit öffnen müssen.

Dank EU-Vorgaben und bundesweiter Gesetze wird nämlich Barriere-Freiheit bald verpflichtend für alle. Gesicherte Teilhabe von Menschen mit Einschränkungen wird damit Stück für Stück möglich. Barriere-Freiheit wird ab 2025 zum Glück auch für Firmen gesetzliche Vorgabe sein. Es wird irgendwann empfindliche Strafen geben, wenn man diese Gesetze ignoriert. Das ist auch gut so. Leider ändert sich oft nur etwas bei angedrohten Strafen und Zwangs-Maßnahmen.

Irrtum 3: Lohnt sich nicht

Ob sich etwas „lohnt", hängt mit der Frage nach der Motivation zusammen. Das sind grundlegende Beweggründe hinter Her-stellung und Vertrieb von einem Produkt. Die tiefere Motivation und Mission von Unternehmen bringt erst Produkte hervor. Das geht weit über wirtschaftliche und rechtliche Aspekte hinaus.

Ein vorausschauender, proaktiver Umgang mit Teilhabe zeigt die soziale Verantwortung von Unternehmen. Das wird auch in Firmen gelebt durch bunte Vielfalt und erfolgreiche Inklusion. Der Umkehr-Schluss von Barriere-Freiheit ist - offen ausgesprochen - daher Exklusion.

Exklusion bedeutet das Abgrenzen und Ausschließen von Menschen mit Einschränkungen. Niemand möchte bewusst Menschen ausschließen – weder Personen noch Unternehmen.

Gelingende Inklusion auch im digitalen Leben durch Barriere-Freiheit bleibt das oberste Ziel.

Irrtum 4: Haben wir schon

Einige Internet-Seiten-Betreiber behaupten gerne, dass ihre Lösungen bereits vollumfänglich barrierefrei wären. Das passiert besonders häufig, wenn eine gesetzliche Pflicht zu Barriere-Freiheit besteht. Verschiedene Gesetze und Verordnungen geben Barriere-Freiheit in digitalen Lösungen seit geraumer Zeit vor. Die Anforderung gilt besonders für Organisationen von der so genannten öffentlichen Hand. Das ist alles, was zur Verwaltung von Staat, Bundesländern oder Städten gehört. Zum Beispiel sind das Ministerien, Stadt-Verwaltungen, Behörden, Ämter, Krankenhäuser, Energie-Versorger, Personen-Verkehr oder Universitäten. Die Realität von der umgesetzten Barriere-Freiheit in der IT-Welt ist aber ernüchternd. Die wenigsten digitalen Lösungen, die barriere-frei sein müssten, sind es auch tatsächlich.

Das liegt selten am Willen der Betreiber oder gar an techno-logischen Möglichkeiten. Die Gründe sind eher fehlendes Ein-fühlungs-Vermögen und fehlende Fach-Kenntnisse zu digitaler Barriere-Freiheit. So scheitern leider viele mit Baukasten-Systemen entwickelte Internet-Seiten an den so genannten BITV-Tests. Das sind offiziell anerkannte Prüf-Methoden zur Umsetzung von Barriere-Freiheit in Webseiten. Die Barriere-Freiheit von PDFs, Videos, Karten werden aus der Bewertung ausgelassen. Die öffentliche Hand kann sich nur noch mit Erklärungen zur Barriere-Freiheit helfen. Diese wirken fast wie peinliche Ent-schuldungs-Schreiben zur schlecht umgesetzten Barriere-Freiheit.

So genannte Gemeinwohl-Projekte scheitern eher an IT-Wissen und Finanzierung von Barriere-Freiheit. Sozial-Unternehmen, Ver-einen oder gemeinnützigen Organisationen fehlt schlichtweg das

Geld dafür. Digitale Barriere-Freiheit nach Vorgaben umzusetzen ist sicher herausfordernd, aber durchaus machbar. Dafür müssen die Zuständigen aber auch Fehler anerkennen und Verantwortung übernehmen. Daher sind planvolles Vorgehen mit Fach-Wissen zur Umsetzung von Barriere-Freiheit notwendig.

Irrtum 5: Viel zu teuer

Die Frage nach den Umsetzungs-Kosten für Umsetzung von Barriere-Freiheit in IT-Lösungen wird nur selten gestellt. Barriere-Freiheit wird von IT-Entscheidern als zu kompliziert und zu teuer abgewiesen. Ein pragmatischer Weg zu digitaler Barriere-Freiheit ist teilweise schnell und kosten-effizient machbar. Der Schlüssel dazu sind Kenntnisse rund um die Möglichkeiten. Dazu gehören insbesondere die Aspekte von Gestaltung und Entwicklung von IT-Lösungen. Auch müssen entsprechende Kompetenzen in der Umsetzung von den BITV-Regeln vorhanden sein.

Für die technische Ermöglichung von Barriere-Freiheit kann man oft Vorhandenes nutzen. Nur selten muss man wirklich neue Wege gehen oder neue Technologien etablieren. In den meisten Systemen und Lösungen sind viele Möglichkeiten sogar bereits vorhanden. Man muss sie nur mit Herz, Verstand, Wissen und Planung einsetzen.

Digitale Barriere-Freiheit für alle Menschen und alle digitalen Lösungen ist meine Mission. Unsere langjährige Expertise in Design und IT habe ich um Barriere-Freiheit erweitert. Ja, ich habe mich dem Thema ganz verschrieben – als leidenschaftliche Expertin. Ein Miteinander mit mir ist Ihre beste Möglichkeit für echte digitale Barriere-Freiheit. Mit der Leistungs-Kraft von HeiReS GmbH, IT hilft gGmbH und meiner Expertise unterstütze ich Sie gerne. Von Herzen gerne helfe ich dabei, die IT-Welt etwas menschen-freundlicher zu machen.

Einladung zum Nachdenken und Umsetzen

Hatten Sie vielleicht auch einige von diesen 5 Irrtümern? Wie denken Sie nun über Barriere-Freiheit im Allgemeinen?

Raum für Ihre Notizen:

_____

_____

_____

_____

_____

_____

_____

_____

_____

_____

_____

_____

_____

Teilhabe, Vielfalt und Barriere-Freiheit

Wichtig zum Umgang mit digitaler Barriere-Freiheit ist Offenheit und Sensibilisierung dafür. Es geht um Mitfühlen und sich einzulassen auf Einschränkungen, Barrieren und Behinderungen. Ziele sind Vielfalt, der gemeinsame Barriere-Abbau und die Umsetzung nach Regeln. Der Weg dahin ist die Logikkette von gelingender Inklusion. Diese Verkettung lautet Vielfalt, Teilhabe, Zugänglichkeit und Barriere-Freiheit. Es bestehen logische Verknüpfung und gegenseitige Bedingung zwischen jedem Element.

Vielfalt in unserem Leben und gelingende Inklusion ist das tiefe „Warum" hinter allem. Nur durch Barriere-Freiheit in allem kann Teilhabe entstehen und Inklusion gelingen. Wir gewinnen mit Inklusion von allen Menschen an Vielfalt in allen Lebens-Bereichen. So schaffen wir gemeinsam ein gutes Leben in einem vielfältigen Miteinander. Vielfalt erreichen wir durch die Beachtung aller Menschen mit ihren Besonderheiten. Nur durch Barriere-Freiheit auch in der digitalen Welt können alle Menschen teilnehmen. Das nennt man dann Teilhabe. Jeder Mensch hat Recht auf Teilhabe in allen Bereichen. Dazu gibt es ein weltweites Menschen-Recht.

Barriere-Freiheit in der digitalen Welt entsteht durch Anwendung von diesen BITV-Regeln. BITV ist die offizielle Abkürzung für Barrierefreie Informations-Technik-Verordnung. Wenn ich in IT-Fachsprache über BITV spreche, kann ich Sie kaum überzeugen. Die Meisten wissen wenig über Hintergrund und Inhalt von solchen Verordnungen und Gesetzen. Deshalb wende ich mich vorrangig mit der besonderen Bedeutung von Vielfalt an Sie. Das gilt natürlich auch im digitalen Leben

Es geht um Vielfalt aller Menschen in Alltag, Arbeit, Bildung, Politik, Gesellschaft. Das gilt natürlich auch für die digitale Welt. So schaffen wir ein Zusammen-Leben, wie wir es uns wünschen.

Nur in einer Gesellschaft mit Teilhabe von allen können wir gut leben. Jeder beteiligt sich. Jeder kann teilhaben. Jeder macht mit. Jeder gewinnt. So entsteht eine Gesellschaft, die alle Menschen einbezieht. Eine Gesellschaft, die gut für alle ist. Inklusion ist die Idee von echtem Miteinander und gleicher Teilhabe von allen Menschen.

Ein Thema bei Teilhabe sind Herkunft und Sprache von uns Menschen. Es geht um ein gutes Miteinander mit Menschen anderer Herkunft. Ausländische Mitbürger sind nur außerhalb von ihrem Heimatland Ausländer. Wenn wir Deutschen woanders sind, sind wir auch „Ausländer". Verständnis für Herkunft und Sprache bewirkt, dass wir uns gut verstehen. Deshalb ist es wichtig, Barrieren abzubauen und Verständnis aufzubauen. Verständnis für einander schaffen wir durch eine Vielfalt von verschiedenen Sprachen. Die IT kann hier gut unterstützen durch die technische Möglichkeit von Sprachen-Vielfalt. In digitalen Lösungen können viele verschiedene Sprachen technisch sehr einfach angeboten werden.

Es geht auch um Vielfalt bei Alter, Geschlecht und Lebensart. Teilhabe als Menschen-Recht gilt dabei für alle Bereiche im Leben. Es geht darum, dass alle Menschen alle wichtigen Informationen erhalten als ihr Recht. Auch geht es um Teilhabe an der Arbeitswelt und Bildung als Menschen-Recht. Jeder Mensch hat das Recht auf Zugang zu Bildung, Arbeit und Informationen. Das bedeutet das Menschen-Recht auf Teilhabe, welches weltweit von der UN zugesichert ist. UN ist die Abkürzung für United Nations, also von den Vereinten Nationen. Leider sind Realität und Umsetzung ganz anders, ja sogar sehr traurig. In ärmeren Ländern haben viele Kinder wenig Zugang zu Bildung und Schulen. Bildung wird oft nur dann möglich, wenn man entsprechendes Geld hat. Es gibt Länder, wo man Frauen Zugang zu Bildung und Informationen verwehrt.

Das Recht auf Bildung und Information muss für jeden Menschen gewährleistet werden. Dabei ist egal, welches Alter, Geschlecht oder welche Lebensart ein Mensch hat. Das Menschen-Recht wird umgesetzt durch Barriere-Freiheit, welche Zugang ermöglicht. Damit schaffen wir eine breit gebildete und gut informierte Gesellschaft. Das ist ein Riesengewinn für uns alle und ist erstrebenswert.

Es geht auch um die Vielfalt von Berufen und Persönlichkeiten. Jeder Mensch bringt seine Stärken in Leben und Arbeit mit ein. Dabei ist egal, ob es ein Handwerks-Beruf oder akademischer Beruf ist. Manchmal ist die persönliche Stärke ein verstecktes Gut. Dadurch wird der Zugang zu Arbeitsmarkt und Gesellschafts-Leben schwieriger. Es ist egal, aus welcher Perspektive wir auf die Dinge gucken. Wir gewinnen an Vielfalt, wenn wir die Breite unserer Kenntnisse anerkennen. Sehen wir Stärken und schätzen sie als Beitrag zu einer vielfältigen Gesellschaft.

Es geht um die Vielfalt mit Menschen mit Einschränkungen in unserem gemeinsamen Zusammenleben. Natürlich können IT körperliche oder geistige Behinderung nicht heilen. Digitale Lösungen können das Leben mit diesen Einschränkungen erleichtern. Statt zur Barriere und Hindernis zu werden, kann die IT helfen. Sie kann technische Unterstützung sein und Brücken bauen. Dadurch kann ein Mensch trotz seiner Einschränkung seinen Alltag besser bewältigen. Eine Behinderung bzw. Einschränkung ist zumeist ein fehlender Sinn oder eine fehlende Fähigkeit.

Die Ursache für die Einschränkung liegt im betroffene Menschen selbst. Hier wird Körper und Geist als eine Einheit betrachtet. Es gibt Einschränkungen beim Sehen, Hören, in Motorik, Mobilität sowie der Hirnleistung. Wenn die IT fehlende Fähigkeiten überbrückt, können Menschen ganzheitlich teilhaben. Das kann bei

Internet-Seiten zum Beispiel durch hörbare Alternativen für Seh-Geschädigte passieren. Teilhabe von benachteiligten Menschen ist ein großer Gewinn für uns als Gesamt-Gesellschaft.

Teilhabe am Arbeitsmarkt durch alle Menschen ist ein Vorteil für Unternehmen und arbeitende Bevölkerung. Eine schöne Bezeichnung für die Einstellung dazu ist „Unternehmens-Wert Mensch". Arbeitgeber erkennen dabei den Wert von jedem Menschen und ermöglichen Teilhabe. Damit haben Arbeitgeber zudem eine gute Chance, neue Mitarbeiter zu gewinnen. Die große Vielfalt von Berufen und Branchen zeigt, wie einfach das sein kann. Wenn jemand im Roll-Stuhl sitzt, kann er gut eine schreibende Tätigkeit ausüben. Ältere Menschen könnten ihre Erfahrung weitergeben oder Kinder betreuen. Wenn Unternehmen Fachkräfte aus dem Ausland zu uns holen, gewinnen beide Seiten. Ernsthafter Barriere-Abbau sichert somit Teilhabe von allen. Erst dadurch entsteht echte und breite Vielfalt und Buntheit.

Einladung zum Nachdenken und Umsetzen

Konnten Sie die logische Kette von Inklusion nachvollziehen?
Wie stehen Sie nun zu Barriere-Freiheit als Vision von einer
besseren Welt?

Raum für Ihre Notizen:

_____

_____

_____

_____

_____

_____

_____

_____

_____

_____

_____

_____

_____

Gesetze als Basis für Barriere-Freiheit

Klar! Wir alle gewinnen durch Vielfalt und Leben in einer bunten Gesellschaft. Menschen mit Einschränkungen stoßen aber immer wieder auf große Barrieren. Um diese Barrieren zu verhindern, gibt es verschiedene Regelwerke und Gesetze. Gesetze und Regeln bilden die tiefe Grundlage für verpflichtende Barriere-Freiheit. Gesetze verstehen nur wenige Menschen, weil sie sehr kompliziert geschrieben sind. Eine kleine Basis zu dem wesentlichen Inhalt von den Gesetzen bekommen Sie hier.

Eine Idee liefert Justitia, die römische Göttin für Justiz, Gesetze und Gerechtigkeit. Diese Göttin hat eine körperliche Behinderung. Sie ist nämlich blind und kann daher nichts sehen. Darin liegt aber auch eine Stärke von Justitia. Nur durch ihre Blindheit erkennt Justitia die echte Wahrheit hinter den Dingen. Heutzutage, in der digitalen Welt, fällt es Justitia sehr schwer, die Wahrheit zu erkennen. Sie stößt nämlich häufig auf Barrieren bei der Nutzung von digitalen Lösungen. Gehindert von der IT ist ihre wichtigste Fähigkeit zur Wahrheits-Findung gestört. Daher wäre Justitia heutzutage arbeitsunfähig in Bezug auf ihre Göttinnen-Arbeit. Justitia hat den Menschen aber noch das Menschen-Recht als oberstes Gesetz geschenkt.

Das wichtigste Gesetz bei der Inklusion ist das weltweite Menschen-Recht auf Teilhabe. Es wurde von den Vereinten Nationen niedergeschrieben und gilt für alle Menschen. Auch Menschen mit Einschränkungen sollen an allem vollumfänglich teilhaben können. Das bedeutet öffentliches Leben, Arbeit, Freizeit, Familie, Soziales, Bildung und digitales Leben.

Allen Menschen soll alles zugänglich sein und sie sollen alles nutzen können. Das verspricht dieses weltweite Menschen-Recht. Leider wird dieses Recht oft verletzt. Menschen mit

Einschränkungen werden durch fehlende Barriere-Freiheit ausgeschlossen. Das ist eine Diskriminierung und verletzt die Würde von den betroffenen Menschen. Dieses Problem müssen wir als Gesellschaft und als Verantwortliche dringend lösen.

Es gibt auch ein europaweites Teilhabe-Gesetz. Das Gesetz gibt es schon sehr lange. Weil das Teilhabe-Gesetz oft verletzt wird, hat es die Europäische Union erneuert. Das steht detailliert geschrieben in dem so genannten „European Accessibility Act". Übersetzt in Deutsch heißt es das Europäische Zugänglichkeits-Gesetz, was seinen Zweck gut benennt. In den Neuerungen sind auch viele Vorgaben für digitale Lösungen und Produkte enthalten. Dieses Gesetz müssen alle Länder von der Europäischen Union bis 2025 umsetzen. Deshalb gibt es in Deutschland seit 2021 das Barriere-Freiheits-Stärkungs-Gesetz. Dort steht als oberste Vorgabe, dass Produkte und digitale Lösungen barrierefrei sein sollen.

Schon lange gibt es die Internationale Norm für Barriere-Freiheit, die ISO/TS 16071. Diese beschreibt detailliert, wie Produkte für Menschen mit Behinderungen gestaltet sein müssen. Normen sind klare Vorgaben für bestimmte Bereiche – ähnlich wie Gesetze. Leider halten sich nur wenige Leute an diese Normen und Vorgaben. Das liegt auch daran, dass es bei Fehlern nur selten Strafen gibt. Teilhabe-Gesetze oder Gesetze für Zugänglichkeit gibt es auch für Deutschland. Eines ist das Bundes-Teilhabe-Gesetz. Dieses Gesetz sichert und schützt die Rechte von Menschen mit Behinderungen in Deutschland.

Es gibt zudem noch das Bundes-Gleichstellungs-Gesetz. Das umfasst mehr als nur die Gleichstellung von Mann und Frau. Dieses Gesetz besagt, dass alle Menschen in Deutschland gleiche Chancen haben sollen. Gleiche Chancen entstehen durch ermöglichte Teilhabe und barrierefreie Zugänge. Dieses Bundes-Teilhabe-Gesetz gibt es als Verordnung von den Bundes-Ländern. Das heißt, jedes Bundesland hat seine eigenen Regel-Werke. Aber im Kern-Inhalt sind diese Gesetze im Wesentlichen gleich.

Zuständig für Inklusion, für Teilhabe und Menschen mit Behinderungen ist die kommunale Ebene. Kommunale Ebene bedeutet die Verwaltungs-Angestellten von Landkreisen, Städten und Gemeinden. Das reicht vom Bürgermeister bis zum Verwaltungs-Angestellten. Teilhabe geschieht nämlich vor Ort zwischen Menschen in Städten und auf dem Land. Auf der kommunalen Ebene bekommen die Betroffenen wirklich Hilfe als Mensch. Hier kommen Gespräche zustande. So entsteht ein echtes Miteinander. Städte, Landkreise und Kommunen haben dazu oft noch eigene Regelungen. Sie müssen nämlich genau auf die Umsetzung von Inklusion und Barriere-Freiheit achten. Wenn Inklusion falsch umgesetzt wird, gibt es Ärger für die Verantwortlichen. Das sind vor Ort die Beauftragten für Belange von Menschen mit Behinderungen.

Für die digitale Welt gibt es auch eine bundesweite Verordnung mit vielen Regeln. Das ist die Barrierefreie Informations-Technik-Verordnung. Sie heißt vereinfacht abgekürzt BITV. Darin stehen alle Regeln und Vorgaben zu den vielfältigen digitalen Lösungen. Damit sind Programme auf Computern oder Handys, Internet-Seiten und Medien gemeint. Das ist genau unser Thema als UX-Designer und Entwickler.

In der BITV sind alle Vorgaben zu diesen digitalen Lösungen festgehalten. Das sind im Kern allgemeine 60 Haupt-Regeln. Diese wurden um 38 internationale Zusatz-Regeln erweitert. Diese fast 100 Regeln werden wir in einem späteren Kapitel detailliert besprechen. Es geht darum, wie man IT-Lösungen barrierefrei gestaltet und programmiert. Thema ist auch, diese Barriere-Freiheit gesichert zu überprüfen und zu zertifizieren.

Gesetze und Verordnungen sind übrigens dafür da, dass man sich daran hält. Wer mit dem Auto zu schnell fährt, muss Geld-Strafen bezahlen und bekommt Straf-Punkte. Unternehmen, die die DSGVO missachten, erhalten seit 2018 teilweise sehr hohe Geld-Strafen. Die Abkürzung DSGVO steht für Daten-Schutz-Grund-Verordnung. Diese Verordnung schützt die persönlichen Daten von allen Menschen in Deutschland. Die Einhaltung ist sehr wichtig und muss sein. Sonst kann es viel Geld kosten als Strafe.

Eine Verletzung von der BITV ist aktuell noch frei von Straf-Zahlungen. Das wird sich ab 2025 ändern durch das neue Barriere-Freiheits-Gesetz. Laut neuer EU-Gesetzgebung gilt das auch bald für Deutschland. Dann wird es teuer. Mit den neuen Gesetzen werden die Regeln verbindlich und die Strafen hoch. In anderen Ländern sind Gesetze zu Teilhabe und Barriere-Freiheit schon jetzt verpflichtend.

In Kanada zum Beispiel muss ein Medien-Beitrag auch für Hör-Geschädigte verständlich sein. Filme müssen unter anderem dafür Untertitel und Text-Informationen enthalten. Wenn das Teilhabe-Gesetz verletzt wird, muss der Fernseh-Sender sogar den Bei-trag zurückziehen. Die Geldstrafe für Verfehlungen kann sonst mehrere zehntausend Dollar kosten. Das zeigt Ihnen, wie das anderswo geregelt ist mit den Menschen-Rechten. Aber Strafe ist eigentlich ein schlechter Weg. Das wissen Sie sicherlich von der Kinder-Erziehung.

Die öffentliche Hand muss Barriere-Freiheit in all ihren digitalen Lösungen sicherstellen. Das gilt für den Bund, die Bundes-Länder, Städte, Kommunen, Verwaltung und Behörden. Auch öffentliche Verbände, Institutionen und Firmen von der öffentlichen Hand müssen das. Sie alle müssen ihre digitalen Lösungen barrierefrei ausgestaltet und programmiert anbieten. Das gilt für Internet-Seiten, Computer-Programme, Applikation auf Mobil-Telefonen und andere digitale Medien. Für diese großen Kategorien gilt die Verpflichtung zur Barriere-Freiheit nach BITV.

Neue Anwendungen und Internet-Seiten müssten eigentlich schon seit 2019 barrierefrei sein. Das ist leider sehr selten und sehr lückenhaft der Fall. BITV-Verletzungen werden selten geprüft und sind zudem aktuell noch straffrei. Viele Internet-Seiten von der öffentlichen Hand enthalten Erklärungen zu Barriere-Freiheit. Sie wirken wie etwas seltsame Entschuldigungen, warum ihre Webseite noch viele Barrieren hat. Theoretisch könnte man viele öffentliche Webseiten durchgehen und sagen: „Nein! Nein! Nein! Falsch! Falsch! Falsch! BITV-Verletzungen und Diskriminierung!" Bestehende IT-Lösungen der öffentlichen Hand müssen aber bis spätestens 2025 geändert sein.

Die Verpflichtung zur barrierefreien Umsetzung gilt teilweise auch für Unternehmen. Gemeint sind hier Unternehmen im öffentlichen und halb-öffentlichen Bereich. Das sind zum Beispiel Gesundheits-Wesen, Bildungs-Wesen und öffentlicher Personen-Nahverkehr. Der Kreis der Unternehmen erweitert sich langsam auf Versorger, Handel und Banken.
Immer mehr Unternehmen müssen in Zukunft barrierefreie IT-Lösungen bereitstellen. Sie werden aktuell zu Barriere-Freiheit nach BITV verpflichtet:

- Wenn ein Unternehmen öffentliche Gelder wie Fördermittel der EU bekommt.

- Wenn es durch Ausschreibung einen Auftrag für die öffentliche Hand durchführt. Das steht sogar in den Ausschreibungen als Anforderung „Barrierefrei nach BITV".

- Wenn die öffentliche Hand den Auftrag vergibt, muss Barriere-Freiheit ebenfalls sichergestellt sein.

Leider wird das viel zu selten korrekt ausgeführt und kaum kontrolliert.

Barriere-Freiheit für alle digitalen Medien

Vielleicht stellen Sie sich die Frage, für welche digitalen Medien Barriere-Freiheit gilt. Das ist einfach beantwortet: Barriere-Freiheit gilt für alle digitalen Medien! Es betrifft natürlich erst mal alle öffentlich verfügbaren Internet-Seiten. Aber es gilt auch für Intranet-Lösungen, also die in geschlossenen Netzen.

Und Barriere-Freiheit gilt auch für so genannte Apps auf mobilen Geräten. Das sind die vielen kleinen Programme für Mobil-Telefone und Computer-Tablets. Natürlich betrifft es jede Software-Lösung auf den Computern und Laptops. Das Betriebs-system auf Computern und mobilen Geräten muss barrierefrei nutzbar sein. Barriere-Freiheit betrifft schon seit Jahren auch digitale Dokumente, so genannte PDFs. Dabei ist egal, wie sie gestaltet und hergestellt sind. Es ist auch egal, womit sie angezeigt werden. Menschen mit Behinderung müssen PDFs aller Art nutzen können.

Die Anforderung nach Barriere-Freiheit betrifft Office-Dokumente genauso. Das gilt also für Word als Text-Verarbeitung oder Excel als Tabellen-Verarbeitung. Auch für Präsentationen wie in PowerPoint gilt der Anspruch an Barriere-Freiheit. Das gilt für diese Dokumenten-Formate unabhängig vom Anbieter. Menschen mit Einschränkungen müssen alle Dokumente nutzen und bedienen können. Dies gilt auch für die Programme selbst, mit denen man diese Dokumente erstellt.

Barriere-Freiheit betrifft natürlich auch alle audio-visuellen Medien. Damit sind Videos, Filme und Audio-Dateien gemeint. Audio-Dateien brauchen eine textliche Ergänzung für hör-geschädigte Menschen. In Teilen betrifft Barriere-Freiheit auch Drucksachen. Diese sind oft die einzige Informations-Quelle. Daher sollen sie barrierefrei zugänglich sein. Das kann durch Übersetzung in andere Sprachen geschehen oder durch barriere-freie PDFs. Die Braille-Schrift für Blinde wird dadurch zunehmend wichtiger und ist machbar.

Veranstaltungen, Vorträge und Schulungen sollten eigentlich auch barrierefrei sein. Dazu gehören der Sprecher selbst, die Präsentations-Unterlagen und das Begleit-Material. Solche Veranstaltungen finden übrigens heutzutage vermehrt online statt.

Es ist also ein sehr breites Feld, wo diese Vorgabe nach Barriere-Freiheit schon gilt. Oft gibt es dumme Argumente von IT-Schaffenden, die Barriere-Freiheit eher verhindern. „Der Aufwand ist zu hoch und damit zu teuer. Es ist zu kompliziert in der Umsetzung. Es ist ja kein Muss in den Vorgaben. Oder wir haben hier keine Behinderten."

Einladung zum Nachdenken und Umsetzen
Welche Relevanz hat Barriere-Freiheit als gesetzliche Vorgabe
konkret für Sie? Für welche digitalen Medien wird bei Ihnen
Barriere-Freiheit wichtig werden?

Raum für Ihre Notizen:

Empathie entwickeln für Behinderungen

Meistens sind wir in der glücklichen Lage, ohne schwere Behinderung zu leben. Wenn wir Behinderungen verstehen, sind wir auch offener für Barriere-Freiheit. Ich möchte in Ihnen ein bisschen Mitgefühl für Behinderungen auslösen. Stellen Sie sich vor, wie ein Leben mit einer Behinderung wäre. Wenn man das emotional versteht, ist man auch bereit, etwas zu ändern. Man wird bereit sein, IT-Lösungen barrierefrei zu gestalten und zu programmieren.

Medizinisch anerkannte Behinderungen sind die körperlich-geistigen mit den 5 Sinnen. Hinzu kommen noch Situationen, wo der Nutzer eine Einschränkung hat. Ein behinderter Mensch stößt bei der Nutzung von IT-Lösungen oft auf Barrieren. Das erschwert die Teilhabe am Leben und verhindert gelingende Inklusion. Eine visuelle Behinderung ist die auf dem Seh-Kanal, also den Augen. Diese kann von einer einfachen Seh-Schwäche bis zur vollständigen Erblindung reichen.

Dann gibt es auditive Behinderungen über den Hör-Kanal. Diese reichen von Hör-Schwächen bis hin zur kompletten Taubheit. Es gibt motorische Störungen. Diese liegen im manuellen Bereich, also zum Beispiel in den Händen. Die Mobilitäts-Störungen reichen von Teil-Lähmung bis zur vollständigen Lähmung.

Kognitive Störungen oder Einschränkungen gehören auch zu den Behinderungen. Diese Behinderung bedeutet eingeschränkte Leistungs-Fähigkeit des Gehirns. Das kann durch eine Hirn-Schädigung entstehen zum Beispiel bei einem Hirnschlag. Es gibt auch Einschränkungen auf der mentalen oder emotionalen Ebene.

Als Sonderform zwischen Behinderung und Bildung gelten die so genannten Analphabeten. Das sind Menschen mit größeren

Schwierigkeiten beim Lesen und Schreiben. Das gilt teils auch bei Kindern. Kleinen Kindern fehlen noch bestimmte Fähigkeiten, die erst mit der Zeit kommen. Auch ausländische Mitbürger können teilweise wenig Deutsch lesen und schreiben. Deutsch ist für sie eine Fremdsprache, weil sie oft erst kurze Zeit in Deutschland sind.

Mit zunehmendem Alter steigt der Bedarf an Barriere-Freiheit ganz besonders. Im Alter kann jede Einschränkung kommen – schlecht hören, sehen, bewegen und denken. Auch ich habe Probleme, gut auf dem Mobil-Telefon zu lesen. Wir könnten also eine Gesellschaft aufbauen, die frei ist von Barrieren für ältere Menschen. Persönliche Einschränkungen können gut und einfach über die IT ausgeglichen werden. So kann eine echte Teilhabe in der digitalen Welt gewährleistet sein. Wer kaum sehen kann, kann hören, wenn diese Brücke über IT gebaut ist. Um das zu verstehen, müssen wir uns genauer mit den Behinderungen beschäftigen.

Visuelle Behinderungen
Ich möchte zuerst auf die visuellen Behinderungen eingehen. Die Ursachen von Seh-Störungen können genetisch, von Geburt an, bestehen. Seh-Störungen entstehen auch durch Erkrankungen, Unfälle oder als Alters-Erscheinung. Eine Seh-Behinderung ist zum Beispiel gestörte Farb-Wahrnehmung – also das Sehen von Farben. Da spricht man von Farb-Blindheit. Diese kommt hauptsächlich bei Männern vor. Schlechte Hell-Dunkel-Adaption nennt man Nacht-Blindheit. Das kann im Straßen-Verkehr ein Problem werden. Ich bin übrigens auch nachtblind.

Probleme bei der Wahrnehmung entstehen, wenn man nur nah gut sehen kann. Beim grauen Star wird der scharf sichtbare Bereich immer kleiner. Diese Krankheiten haben alle eine

verfälschte Wahrnehmung zur Folge. Durch die vielen Einschränkungen entstehen Probleme auch bei der Nutzung von
digitalen Lösungen.

Die IT kann zum Glück etwas für Menschen mit Behinderungen
tun. Bei einer Farb-Blindheit nutzt man eine Text-Bild-
Kombination. Eine Seh-Schwäche kann durch deutliche Farb-
Kontraste ausgeglichen werden. Bei Weit- und Kurz-Sichtigkeit
helfen Brillen oder Kontaktlinsen. Die Informations-Technologie
kann auch hier von Anfang an gut helfen. Das geht zum Beispiel
durch klare Grafiken und Schriften oder größere Abstände.

Vollständige Erblindung

Bei einer vollständigen Erblindung sind die Folgen natürlich
schlimmer. Die Folgen einer Erblindung kann sich jeder vorstellen.
Machen Sie einfach die Augen zu. Dann wird es Ihnen schlagartig
deutlich. Die Wahrnehmung von GUIs ist unmöglich. GUIs sind
grafischen Benutzer-Schnittstellen. Diese gibt es bei Webseiten
und Software, bei Apps oder an Maschinen.

Einem blinden Menschen fehlt es leider komplett an optischer
Umfeld-Wahrnehmung. Er orientiert sich per Gehör, durch Tasten
mit den Händen oder mit dem Blindenstock. Ein Blinder kann nur
mit entsprechenden Hilfsmitteln Zeitungen oder Bücher lesen.
Bildende Kunst wie Malerei oder Grafik bleiben als Erlebnis ver-
schlossen.

Die IT hat viele Möglichkeiten, einem blinden Menschen zu helfen.
Das entsteht durch Überbrückung vom fehlenden Sehsinn bis
hin zu Hören oder Fühlen. Durch geeignete Maßnahmen kann
man eine GUI hörbar oder fühlbar machen. GUI ist die grafische
Benutzer-Oberfläche auf allen Monitoren. Dafür müssen Tastatur-
Steuerung und Vorlese-Modus von den Internet-Seiten oder

Programmen ermöglicht werden. Dann kann das Betriebs-System oder Hilfs-Programme, Texte vorlesen. Auch Hilfs-Technologien helfen beim Erfassen der IT-Lösung. Eine so genannte Braille-Tastatur kann man mit dem PC verbinden. Sie macht über Punkt-Schrift Texte für Blinde fühlbar. Mittels Kamera-Technik und einer besonderen Brille könnte der Computer das Umfeld beschreiben. Mit der Kamera vom Mobil-Telefon erstellte Fotos können per Text beschrieben werden. Über Text-Wandlung kann das zur hörbarer Sprache werden.

Hör-Geschädigte

Hör-Schädigungen können ebenso entstehen wie visuelle Behinderungen. Von Geburt an ist eine Taubheit oft verbunden mit einer Stummheit. Wer keine Sprache hören kann, kann selten die Sprache sprechen. Eine Hör-Schädigung kann auch durch einen Hör-Sturz entstehen. Durch Verletzungen am Trommel-Fell wird das Hör-Vermögen eingeschränkt. Junge Leute können Hör-Schäden erleiden, zum Beispiel durch hohe Lautstärke beim Musik-Hören. Explosionen oder ein Unfall können einen großen Hör-Schaden auslösen. Natürlich kommt nachlassendes Hör-Vermögen im Alter hinzu.

Die Folgen von Nicht-Hören sind eine große Einschränkung. Hörbare Sprache, Umwelt-Geräusche und der Genuss von Musik fallen weg. Auch Film oder Fernsehen ist nur eingeschränkt möglich durch fehlendes Ton-Erleben. Das liegt am Mix aus Bildlichem und Hörbarem. Gespräche und Geräusche fallen weg. Schalten Sie einfach den Ton aus. Dann können Sie diese Behinderung nachvollziehen. Die Kommunikation mit anderen Menschen ist erschwert.

Viele Hör-Geschädigte können mit Lippen-Lesen ergänzen was fehlt. Bei großen Gruppen-Gesprächen entfällt diese Möglichkeit aber. Das Ablesen von den Lippen ist dann sehr eingeschränkt möglich. Das ist eine Herausforderung für Hör-Geschädigte. Umwelt-Geräusche sind für Hör-Geschädigte kaum wahrnehmbar. Im Straßen-Verkehr sind leise Elektroautos für den Hör-Geschädigten daher gefährlich.

Hör-Geschädigte können Veranstaltungen, Präsentationen und Vorträgen kaum folgen. Auf Konferenzen gibt es leider selten Angebote für Hör-Geschädigte. Für diese Menschen bietet die Technik aber Einiges an Unterstützung. Auch hier geht es wieder um die Brücke zu anderen Sinnen. Hier bietet man dem Nutzer statt Hören, die Möglichkeit zum Sehen an. Für Video und Audio Vertonung bietet man einen sichtbaren Text an. Man baut entweder lesbaren Zusatz-Text oder Untertitel in das Video ein.

Gebärden-Sprache als Möglichkeit kann natürlich mit angeboten werden. Dann sieht man einen ergänzenden Sprecher, der mit Händen und Mimik spricht. Man kann auch andere Alternativen zum Video anbieten wie zum Beispiel Text. Auch die moderne Technologie von Brillen mit virtueller Realität kann helfen. Gehörtes wird über diese Brillen als ein Gebärdensprach-Avatar oder Text dargestellt.

Manuelle Behinderungen

Dann gibt es die manuellen Einschränkungen. Hier handelt es sich meist um die Hände. Bei dieser Behinderung gibt es auch wieder verschiedene Ursachen. Dazu gehören Langzeit-Schäden durch Computer-Benutzung. Diese entstehen zum Beispiel durch Maus-Bedienung und falsches Sitzen. Andere Ursachen sind Krankheiten wie Rheuma, Gicht, Tremor, Parkinson. Das Bedienen von Maus, Tastatur und Stift ist damit eingeschränkt. Verwachsungen der Hände gibt es von Geburt an, manchmal auch als Folge von Krankheiten. Dies alles bedeutet eine erschwerte Computer-Bedienung. Diese Menschen können zum Beispiel die Maus nur langsamer bedienen. Sie können dann einen Stift nur mit Schwierigkeiten nutzen.

Die Gestaltung mit einem griffigen Design kann darum eine gute Basis liefern. Durch eine griffige Gestaltung des Produktes wird auch Touch-Bedienung unterstützt. Das bedeutet, dem Computer Befehle durch Bildschirm-Berührung zu geben. Eine einfache Tastatur-Steuerung bei der Bedienung ist auch hilfreich und wichtig. Besser ist noch die so genannte Gesten-Steuerung – also über Gesten mit den Händen. Die Computer-Kamera interpretiert die Gesten und das Programm reagiert darauf. Die Steuerung von Software über die Stimme ist eine besonders spannende Möglichkeit.

Wenn die Hände zur Bedienung komplett fehlen, wird es noch schwieriger. Das kann jedem passieren Zum Beispiel mit einem Gips-Arm infolge eines Unfalls. Auch im Auto, oder weil man ein Kind auf dem Arm hat, ist man eingeschränkt. Es gibt auch Schicksals-Schläge wie Unfälle, Amputation und Kriegsfolgen. Manche verlieren dabei zum Beispiel ihre Arme oder sie müssen abgenommen werden.

Ein Problem vor vielen Jahren war das Medikament Contergan bei der Schwangerschaft. Durch eine Nebenwirkung wurden viele Säuglinge mit Verwachsungen geboren. Oft waren die Hände direkt an den Schultern gewachsen – ohne Arme dazwischen. Durch fehlende Arme fällt eine Maus-Bedienung am Computer als Möglichkeit weg. Auch Tastatur-Bedienung und Stift-Bedienung fallen weg oder sind erschwert. Aber im Beispiel mit dem Auto findet sich jeder von uns wieder oder mit den vollen Händen. Von manueller Einschränkung kann also jeder irgendwie betroffen sein.

Bei der Computer-Nutzung kann die Steuerung über ein Mund-Stück eine Hilfe sein. Das hilft auch vielen Contergan-

Geschädigten oder Menschen mit Amputation. Auch eine Verlängerung von den fehlenden Gliedmaßen gibt es als Möglichkeit. Besonders spannend ist die Steuerung mit der Stimme als Möglichkeit am Computer. Eine Steuerung über Augen und Kamera ist sicherlich ein sehr zukunfts-weisender Schritt. Dann schaut man das Element auf der Benutzer-Oberfläche an, was man ansteuern will. Wenn diese Kamera-Interaktion angebunden wird, reagiert die Software dann darauf.

Motorische Einschränkungen

Eine der großen Behinderungen sind die so genannten motorischen Einschränkungen. Diese Lähmungen von den Beinen oder dem Körper haben verschiedene Ursachen. Ein Hirnschlag oder Infarkt kann eine halbseitige Lähmung verursachen. Eine Lähmung kann auch durch einen Unfall oder sogar von Geburt an entstehen. Von der Hüfte abwärts oder vom Hals abwärts kann eine Lähmung auftreten.

Diese teils oder gänzlich gelähmten Menschen sind in ihrer Mobilität massiv eingeschränkt. Sie können sich kaum bewegen in ihrem Umfeld - weder drinnen oder draußen. Damit fällt eine freie Bewegung im Raum weg. Oder sie ist nur über den Rollstuhl möglich. Das gilt für die eigene Wohnung und außerhalb der eigenen 4 Wände. Nur das, was über einen Rollstuhl erreicht wird, kann genutzt werden.

Bei Querschnitts-Lähmung fällt zudem die Nutzung von Maus und Tastatur weg. Wer vom Hals abwärts gelähmt ist, hat also motorische und manuelle Einschränkungen. Diese Menschen können durch die IT Hilfe bekommen. Das geht über Steuerung durch Stimme und Augen. Das ist wie bei den eben erklärten manuellen Einschränkungen.

Den Menschen mit motorischen Einschränkungen kann man vielfältig mit IT helfen. Informations-Systeme können zum Beispiel den Rollstuhl-Fahrern Informationen geben. Sie können über eine Internetseite verschiedene Heraus-Forderungen lösen. Karten können besonders gut darüber informieren, was für Rollstühle zugänglich ist. Dort könnten öffentliche Toiletten, Restaurants, Veranstaltungs-Orte abgebildet sein. Auch für Rollstühle geeignete Behörden, Schulen oder Einkaufs-Möglichkeiten findet man dort.

Bei der Versorgung im Haus oder der Wohnung unterstützt die IT sehr gut. Dafür gibt es so genannte Heim-Steuerungs-Ansätze oder „Smart Homes". Dabei kann man im Haushalt viel über Fern-Steuerung mit einer Software erledigen.

Eingeschränkte Hirn-Leistung

Eingeschränkte Hirn-Leistung und mentale Störung gelten auch als Behinderung. Diese kann viele Ursachen, Auswirkungen und Möglichkeiten haben. Sie hat übrigens keineswegs etwas mit Dummheit zu tun. Eher kann sie eine Schädigung vom Gehirn beinhalten. Oder sie ist eine mental-emotionale Störung.

Die Ursachen sind dabei so vielfältig wie die Auswirkungen. Ursachen können von Geburt an vorliegen, zum Beispiel beim Down-Syndrom. Auch durch Unfall oder Hirnschlag kann man ein Schädel-Hirn-Trauma bekommen. Kognitive Störungen können bei Jugendlichen Folge-Schäden von Drogen-Einnahme sein. Im Alter kann durch Alzheimer und Demenz die Hirn-Leistung eingeschränkt sein. Obwohl sie viele Formen haben, sind Folge-Erscheinungen ähnlich. Sie verursachen eingeschränkte Hirn-Leistungs-Fähigkeiten.

Dadurch hat man einen Mix aus besonderen Stärken und Schwächen beim Denken. Das Aufnahme-Vermögen und die

Aufmerksamkeit sind geringer als bei anderen. Das ist manchmal auch verbunden mit einer Lese-Rechtschreib-Schwäche.

Kognitiv-mentale Einschränkung ist ein schwieriges Feld. Vereinfachung von Sprache oder sogar Leichte Sprache helfen dabei. Ein einfaches Design mit einer klaren Gliederung hilft weiter. Viele Dinge über Bild-Sprache darzustellen ist eine gute Möglichkeit. Noch besser sind bildlich dargestellte Geschichten als Filme.

Dinge über Vorlese-Programme anzubieten, hilft den betroffenen Menschen. Durch das Zuhören werden neben dem Lesen auch andere Sinne angesprochen. Mit der IT kann man spielerisch die Aufmerksamkeit der Nutzer erhöhen. So kann man kleine Tests einbinden, die Fortschritt anzeigen. Durch eingebaute Spiele kann man sich mit anderen messen. Das gibt den Nutzern eine positive Bestätigung „Ich habe das geschafft!".

Einladung zum Nachdenken und Umsetzen

Haben Sie die Auswirkungen von Barrieren und Behinderung verstanden? Welche Behinderungen sind für Sie besonders relevant und beachtenswert? Wie können Sie selbst helfen und unterstützen mit den Mitteln der IT?

Raum für Ihre Notizen

_____

_____

_____

_____

_____

_____

_____

_____

_____

_____

_____

_____

_____

Verantwortung für Barriere-Freiheit

Im Miteinander geht es besser

Es ist wichtig, sich für Menschen mit Behinderungen und faire Teilhabe einzusetzen. Menschen mit Behinderungen sollen digitale Lösungen nutzen können. Inklusion gelingt nur, wenn alle Zuständigen im Prozess gut zusammen-arbeiten. Ich zeige Ihnen, wie verschiedene Interessen-Gruppen gemeinsam wirksam handeln. Aber es bedarf mehr, als nur darüber zu lesen und zu reden. Wir müssen handeln – gemeinsam Hand in Hand mit dem gleichen Ziel. Das oberste Ziel für uns alle muss gelingende Inklusion sein.

Wir als Gesellschaft müssen Menschen mit Einschränkungen in digitalen Lösungen mit einbeziehen. Alle Beteiligten im Inklusions-Geschehen sollten sich daher austauschen und zusammen-arbeiten. Eine mögliche Hilfe ist ein größeres Angebot an kostenlosen, barrierefreien digitalen Lösungen. Das hilft allen Betroffenen, deren Familien und anderen Unterstützern. Damit wir das Richtige tun, müssen wir mit Menschen mit Einschränkungen sprechen. Wir müssen Bedürfnisse, Vorgehen und Probleme von diesen Menschen verstehen. Gut wäre es, wenn Menschen mit Behinderungen die IT-Lösungen selbst testen. Nur wenn Betroffene Rückmeldung geben, kann man gute digitale Lösungen schaffen.

Wer IT-Lösungen anbietet, kann diese von Experten auf Barriere-Freiheit testen lassen. Für die Prüfung auf Barriere-Freiheit nach BITV gibt es Experten. Diese kann man beauftragen, aber die Leistung kostet viel Geld. Für eine nach BITV wirklich barriere-freie digitale Lösung kann der Betreiber ein Zertifikat erhalten. Ein Zertifikat ist wie ein Stempel, der zeigt, dass ein IT-Projekt barrierefrei ist. Das BITV-Zertifikat besagt, dass die IT-Lösung die Kriterien von der BITV erfüllt. Es ist frei von einer Aussage, ob sie sinnvoll ist für Menschen mit Einschränkungen. Das Zertifikat ist damit nur eine Aussage über die technische Nutzbarkeit.

IT-Schaffende sollten auch erfahren, was gut funktioniert und was schlecht ist. Es ist wichtig, die Menschen mit Einschränkungen zu fragen, was sie brauchen. Man sollte auch die Helfer und Angehörigen dazu befragen. Sie kennen Alltag und Probleme von Betroffenen gut. Sie können den Anbietern ehrliche Informationen für gute digitale Lösungen geben. Helfer oder Betreuer können gute digitale Lösungen an die Betroffenen empfehlen. Mit Plakaten, Internet-Seiten, E-Mails oder Gesprächen können Betroffene darüber informiert werden. Viele betroffene Menschen sollen von guten Lösungen erfahren, da sie ihnen helfen sollen.

Nur gemeinsam können wir die digitale Welt durch Barriere-Freiheit besser machen. Es ist wichtig, Menschen von gemeinnützigen Organisationen und Vereinen anzusprechen. Das kann zum Beispiel die Lebenshilfe, Aktion Mensch oder der Blinden-Verband sein. Aus gemeinsamen Gesprächen können Ideen entstehen für neue digitale Lösungen. Für solche Projekte besteht die Möglichkeit der finanziellen Förderung vom Staat.

Eine gelingende Inklusion ist auch eine Aufgabe von Bund, Ländern und Städten. In jeder großen Stadt gibt es eine offiziell verantwortliche Person für die Inklusion. Sie heißen Inklusions-Beauftragte oder Beauftragte für Menschen mit Behinderungen. Es ist wichtig, mit diesen offiziellen Personen ins Gespräch zu kommen.

Inklusions-Beauftragte wissen um die Vorteile von digitalen barrierefreien digitalen Lösungen. Wenn diese Lösungen gut und sogar kostenlos sind, profitieren mehr Betroffene davon. Das hilft auch den Städten, Landkreisen, Bundesländern und Deutschland.

Diese Regionen zeigen damit, dass sie Menschen mit Einschränkungen lokal helfen. Und sie zeigen, dass sie modern und
neuartig sind. Außerdem muss die öffentliche Hand per Gesetz
ihre eigene Internet-Seite barrierefrei anbieten.

Viele Unternehmen müssen ab 2025 ihre digitalen Lösungen
barrierefrei umsetzen. Dazu verpflichten sie das Europäische
Zugänglichkeits-Gesetz und das Barriere-Freiheits-Stärkungs-
Gesetz. Digitale Barriere-Freiheit macht neben der rechtlichen
Verpflichtung auch unternehmerisch Sinn. Es gibt eine besondere
Plattform. Sie heißt „Unternehmens-Wert Mensch". Diese Webseite wird vom Bundes-Ministerium für Arbeit und Soziales
angeboten. Dort werden 4 wichtige Gruppen genannt, die Unternehmen einen besonderen Mehrwert bieten. Viele Unternehmen
finden heutzutage nur sehr schwer neue Mitarbeiter. Diesen so
genannten Fach-Kräfte-Mangel könnte man gut mit vielfältigen
Mitarbeitern lösen.

Andererseits haben benachteiligte Menschen oft große Schwierigkeiten, Arbeit zu finden. Beides ändert sich erst, wenn Unternehmen und Betroffene besser zusammen-arbeiten. Zu den
Benachteiligten gehören Menschen mit Behinderungen und ältere
Menschen. Auch Frauen mit Familien-Verantwortung und
ausländische Mitbürger werden dazu gezählt. Viele Menschen
mit Behinderung haben eine gute Ausbildung. Sie können oft viel
leisten und suchen einen guten und fairen Arbeitsplatz. Wer im
Rollstuhl sitzt, kann zum Beispiel ohne Probleme am Computer
oder Telefon arbeiten. Unternehmen sollten diese Chance
vermehrt nutzen, um neue Mitarbeiter zu gewinnen.

Besonders sehr große Unternehmen müssen mehr soziale Verantwortung übernehmen. Wer Menschen mit Behinderung ein-
stellt, gewinnt als Unternehmen sogar doppelt. Damit sammeln
Unternehmen auch Punkte bei der so genannten „Social

Responsibility Report". Das ist der Bericht darüber, wie viel soziale Verantwortung ein großes Unternehmen übernimmt. Große Firmen müssen einen Bericht veröffentlichen, was sie für die Gesellschaft tun. Dafür gibt es sogar Punkte. Der Bericht wird jährlich überprüft. Große Unternehmen mit zu wenig Punkten für das Thema müssen Strafen bezahlen. Das gilt aber nur für sehr große Unternehmen mit sehr hohen Umsätzen.

Für IT-Unternehmen ist digitale Barriere-Freiheit auch ein interessantes Geschäfts-Feld. Sie könnten Entwicklung von barrierefreien Internet-Seiten, Software oder mobilen Apps anbieten. Design-Unternehmen könnten wiederum digitale Lösungen barrierefrei konzipieren und ausgestalten. Mit solchen Leistungen können sie neue Ziel-Gruppen und Kunden ansprechen.

Einladung zum Nachdenken und Umsetzen

Sind Sie in einer Form betroffen von einer Behinderung?
In welcher der genannten Verantwortung sehen Sie sich selbst?

Raum für Ihre Notizen:

_____

_____

_____

_____

_____

_____

_____

_____

_____

_____

_____

_____

_____

_____

Barriere-Freiheit aktiv erschaffen

Sicher haben Sie sich gefragt, wer Barriere-Freiheit nach der BITV umsetzen soll und wie. Nochmal: BITV steht für Barrierefreie Informations-Technik-Verordnung. Die Abkürzung BITV deutet es schon an – die IT-Branche. Die Informations-Technik ist die Schlüssel-Industrie zur Umsetzung vom Menschen-Recht auf Teilhabe. Es gibt 6 Berufs-Gruppen, die für Umsetzung von Barriere-Freiheit verantwortlich sind.

Die Umsetzung ist dabei als klarer Prozess zu sehen mit gemeinsamer Verantwortung. Entscheider stoßen Barriere-Freiheit an. Usability-Leute schreiben ganzheitliche Konzepte. Texter schaffen entsprechende Inhalte. Designer gestalten das inklusive Design. Entwickler programmieren Barriere-Freiheit. Und Tester überprüfen dann die Qualität. Barriere-Freiheit, als gute UX für alle, entsteht in diesem Hand-in-Hand-Prozess. UX steht für User Experience – also Nutzungs-Erlebnis. Ein gutes Nutzungs-Erlebnis für alle Menschen muss das große Ziel sein.

Betrachten wir zuerst, wie der Barriere-Abbau in digitalen Lösungen überhaupt gelingt. Die Technologie bringt viele verschiedene Möglichkeiten mit, um Barrieren abzubauen. Das ist zum Beispiel der Einsatz von Hilfs-Technologien oder Design-Lösungen. „Smart-Home"-Lösungen unterstützen Menschen im eigenen Zuhause. Sie sind wie eine Fern-Steuerung für das gesamte Zuhause. „Augmented Reality" oder „VR"-Brillen helfen ebenfalls. Diese innovativen Brillen ergänzen die normale Realität um weitere Informationen. Sehr modern sind IT-Lösungen mit Bild-Erkennung oder künstlicher Intelligenz.

Hilfreich ist die so genannte Gesten-Steuerung – als Alternative zur Maus. Das kennen Sie sicher vom Smartphone, kann aber auch am PC eingesetzt werden. Es hilft Gehörlosen und Fremd-

Sprachler sehr, wenn Videos ergänzende Untertitel haben. Wichtig für die korrekte Umsetzung von Barriere-Freiheit ist die Einhaltung von Programmier-Standards. Eine freie Bedienungs-Wahl der IT-Lösung hilft ebenfalls sehr. Dann ist der Nutzer frei, selbst zu entscheiden. Der Nutzer kann zwischen Tastatur, Stift, Maus, Finger und Gestik wählen. Sprach-Ausgabe und Sprach-Eingabe helfen den Nutzern ganz besonders.

Eine digitale Lösung kann auch mit einer alternative Nutzer-Oberfläche angeboten werden. Besser ist, man gestaltet gleich ein inklusives Design, wo Barriere-Freiheit besteht. Inklusives Design heißt, dass alles gleich für Menschen mit Einschränkungen bedacht wird. Der Einsatz von Bild-Sprache ist ein hilfreiches Gestaltungs-Mittel für Designer. Erklär-Videos mit Bildern helfen dabei besonders, weil Filme mehr ansprechen. Über Programmierung und IT-Technik können Entwickler natürlich viel machen. Das Beschreiben von Bildern in Text und dann Ton ist wichtig für Blinde.

Einladung zum Nachdenken und Umsetzen

Gehören Sie zu den Möglich-Machern und Umsetzern von Barriere-Freiheit? In welcher konkreten Rolle sind Sie selbst? Haben Sie erkannt, wie viele Möglichkeiten es gibt, mit IT zu helfen?

Raum für Ihre Notizen:

_____

_____

_____

_____

_____

_____

_____

_____

_____

_____

_____

_____

Mit gutem Beispiel voran

Ich möchte beim Thema Barriere-Freiheit mit gutem Beispiel vorangehen. Wir haben zusammen mit der Firma HeiReS eine hilfreiche Plattform entwickelt. Die Plattform wird barrierefrei, damit Menschen mit Einschränkungen sie nutzen können. Diese Plattform ist das praktische Beispiel, das ich immer wieder zeigen werde. Sie werden dadurch erkennen, wie diese Plattform funktioniert.

Besonders aber lernen Sie, wie man Barriere-Freiheit richtig umsetzt. Auch die Gestaltung ist für Barriere-Freiheit wichtig. Sie erfolgt als inklusives Design. Die Plattform heißt Familie-und-Beruf.online. Sie ist auch so im Internet erreichbar. Sie hilft den Nutzern zu einer besseren Vereinbarkeit von Familie und Beruf. Sie schafft ein Gleichgewicht von Beruf und Familie. Das bietet sie Arbeit-Nehmer und Arbeit-Geber. Die Plattform ist für die Stadt Dresden und das Bundesland Sachsen gemacht.

Wir von HeiReS sind Experten für Programmierung und Gestaltung. Für diese Plattform haben wir unser Fach-Wissen und unsere Erfahrung eingebracht. Zum Aufbau der Plattform haben wir finanzielle Unterstützung von der EU bekommen. EU steht für Europäische Union. Zu dem Verbund gehören die meisten Länder in Europa. Unsere Lösung sollte deshalb auch barrierearm sein. Das heißt, Menschen mit Behinderungen sollen die Plattform gut nutzen können. Insbesondere sollten sie mögliche Nutzer sein durch die Themen.

Diese Herausforderung hat uns Spaß gemacht. Dabei haben wir viel Neues gelernt. Wir haben unser Bestes gegeben. Das Thema Barriere-Freiheit nehmen wir sehr ernst. Die Barriere-Freiheit von der passenden Internet-Seite ist schon sehr gut. Aber wir verbessern sie ständig, weil es uns wichtig ist. In Zukunft sollen

noch weitere Formate von der Plattform barrierefrei werden. Die digitale Lösung zu Familie und Beruf gibt es nämlich in mehreren Formen. Es gibt sie als frei zugängige Webseite, als Software für PCs und als mobile App.
Das Beispiel finden Sie unter: dresden.familie-und-beruf.online

Diese können Sie einfach über das Internet aufrufen. Alles ist kostenlos und ohne Anmeldung. Diese Entscheidung zu Barriere-Freiheit haben wir bei dem Projekt am Anfang getroffen. Wir haben überlegt, wie wir eine barrierefreie Lösung im Detail umsetzen können. Bei dem Projekt haben wir Menschen mit Behinderungen als echte Nutzer-Gruppe definiert. Wir haben bedacht, was Menschen mit Einschränkungen bei digitalen Lösungen brauchen.

Zuerst haben wir Überlegungen zu Gebrauch und Bedienung gemacht. In entsprechenden Skizzen haben wir Bedienung und Interaktion abgebildet. Zudem haben wir dargestellt, welche Inhalte wie angeordnet sind. Bei Ausgestaltung und Optik haben wir uns Gedanken über inklusives UI-Design gemacht. Die Benutzer-Oberfläche ist so gestaltet, dass sie von Anfang an barrierefrei ist. Besonders die Webseite ist so auch von Menschen mit Einschränkungen bedienbar.

Bei Gestaltung und Entwicklung haben wir immer auf die BITV geachtet. Besonderen Fokus hatte die genannte UI-Entwicklung, also die Oberflächen-Programmierung. Dadurch sind die Software, Apps und die Webseite barrierearm umgesetzt. Wir können mit einem CMS Inhalte selbst erstellen, verwalten und veröffentlichen. CMS steht für Content-Management-System, zu Deutsch also Inhalte-Verwaltungs-Software. Unser CMS heißt „ConDiSys". Damit sind barrierefreie IT-Lösungen wie Webseiten, Apps oder Software möglich. Wir haben „ConDiSys" selbst programmiert und entwickeln es stetig weiter.

Selbst bei allen Inhalten der Plattform haben wir uns viele Gedanken gemacht. Die Inhalte sind z. B. Texte, Ausdrücke, Sprache, Bilder oder Videos. Wir haben die Inhalte von Anfang an in einfacher Sprache geschrieben. Menschen mit Lern-Schwierig-keiten finden hier zusätzlich die Inhalte in Leichter Sprache. Für ausländische Mitbürger gibt es insgesamt 10 verschiedene Fremd-Sprachen. Alle Inhalte haben wir selbst konzipiert, recherchiert, geschrieben und erstellt. Wir haben sogar Alternativ-Texte für Bilder und Videos geschrieben.

Insgesamt haben wir uns viel Mühe gegeben für maximale Barriere-Freiheit. Ich lade Sie ein, auf das Ergebnis zu schauen. Daran können Sie viel verstehen. Damit alles langfristig gelingt, brauchen wir aber auch Zusammen-Arbeit.

Wir brauchen ein Miteinander mit Verwaltung, gemeinnützigen Organisationen und Unternehmen. Wie Sie wissen, kann nur im Miteinander ein großer Erfolg entstehen. Je mehr Miteinander besteht, desto größer kann der Erfolg für alle werden. Diese kostenlose Plattform hilft vielen Menschen in ihrem Alltag.

Wir haben viele BITV-Regeln zunächst in der barrierefreien Webseite umgesetzt. Die Webseite wurde auch von einer Zerti-fizierungs-Stelle für BITV überprüft. Nach diesem entwicklungs-begleitenden BITV-Test haben wir das Nötige angepasst. Wir haben uns auch um die Desktop Software für Windows-Rechner gekümmert. Diese Software ist schon jetzt, so gut es geht, barrierefrei. Barriere-Freiheit für die Android und IOS Apps auf mobilen Telefonen wollen wir auch. Die Apps sind entsprechend gestaltet und wir haben sie selbst programmiert. Die Apps beziehen ihre Inhalte aus dem gleichen CMS.

Mit künstlicher Intelligenz haben wir einen so genannten „Chatbot" aufgebaut. Ein „Chatbot" ist ein Computer-Programm zur schriftlichen Kommunikation zwischen Mensch und Computer. Dieser „Chatbot" kann Fragen von den Nutzern sehr hilfreich beantworten. Er ist barrierefrei programmiert. Blinde Menschen können den „Chatbot" nutzen. Die Antworten vom „Chatbot" werden ihnen dann vorgelesen.

Am Schluss haben wir viele Erklär-Videos selbst produziert. Das sind ansprechende Videos mit bildhaften Geschichten. Sie haben einen lesbaren Untertitel und eine Sprecher-Stimme. So können auch gehörlose Menschen teilhaben oder Menschen mit Lese-Schwierigkeiten. Diese Videos haben wir zu vielen Themen produziert. Barriere-Freiheit in IT ist also als umgesetztes Teil-habe-Recht machbar. All das soll Sie inspirieren, dieses wichtige Thema in Ihren IT-Lösungen anzugehen.

Einladung zum Nachdenken und Umsetzen

Was tun Sie konkret für Barriere-Freiheit und gelingende Inklusion? Haben Sie mal reingeschaut, wie wir Barriere-Freiheit in IT-Lösungen umsetzen?

Raum für Ihre Notizen

Ihr direkter Nutzen von der BITV

Die meisten Menschen sind zum Glück frei von einer
Behinderung bzw. Einschränkung. Daher ist die Frage berechtigt,
warum Sie sich für Barriere-Freiheit einsetzen sollen. Auch warum
sich ganz konkret Designer, Entwickler oder Unternehmer dafür
interessieren sollen. Diese Frage nach dem Nutzen, beantworte
ich Ihnen gerne im Detail. Auch Sie werden gewinnen, wenn Sie
sich für Barriere-Freiheit einsetzen. Hoffentlich kann ich Sie so
zum Mitmachen bei Barriere-Freiheit ermutigen. Es gibt viele
Gründe dafür. Sie gewinnen mit Ihrem Engagement selbst und
zeigen außerdem soziale Verantwortung.

Arbeiten nach BITV-Standards kann Werbung und Verkaufs-Vorteil
für Sie sein. Sie bekommen damit ein besonderes Alleinstellungs-
Merkmal in mehrfacher Hinsicht. So können Sie sich zu anderen
abgrenzen. Das können Sie durch Ihr barrierefreien Produkte
oder Ihre Firma als Ganzes. Die Chance, neue Ziel-Gruppen für
Ihr IT-Produkt zu erschließen, erhalten Sie auch. Hoffentlich kann
ich Sie dadurch inspirieren, sich für Barriere-Freiheit einzusetzen.

Es gibt eine zentrale Organisation, die Internet-Seiten und Apps
nach BITV zertifiziert. Diese Organisation und ihre Dienst-
Leistung finden Sie über die Internet-Seite www.bitvtest.de. Sie
erhalten dort ein Zertifikat darüber, wenn Ihre Internet-Seite aus
BITV-Sicht korrekt ist. Hinter dieser BITV-Test-Webseite stehen
eine Firma und weitere Partner-Firmen. Diese kümmern sich
um alles rund um die Zertifizierung. Die Webseite enthält viele
Informationen zu den aktuellen 98 Richtlinien und Regeln von
der BITV. Es gibt dort auch ein Programm zum Selbst-Prüfen von
Webseiten. Das hilft dabei, seine eigene Internet-Seite auf die 98
BITV-Kriterien zu prüfen. Das Verfahren ist allerdings schwierig
und aufwendig. Sie brauchen dafür gutes Technik-Verständnis
und viel Zeit.

Bei der „BITV-Test-Seite" können Sie die Prüfung nach den BITV-Kriterien auch in Auftrag geben. Die Dienstleistung kostet allerdings Geld, pro Internet-Seite oft mehr als 3 Tausend Euro. Wenn Sie diese Prüfung durchführen lassen, wird aber vorerst nur der Test auf die Kriterien gemacht. Das BITV- Zertifikat fehlt leider oft, da die 98 BITV-Kriterien nur selten erfüllt sind. Der dortige Preis umfasst die reine Prüfung der Website auf diese 98 BITV-Regeln. Die Prüfung ist ohne Garantie, dass Sie die BITV-Zertifizierung auch erhalten. Sie bekommen aber einen detaillierten Bericht über den Status sowie Empfehlungen. Oft heißt es leider im Fazit: „Das ist leider nicht barrierefrei. Sie müssen noch etwas umsetzen." Wer die BITV-Kriterien also falsch umsetzt, der muss teuer dafür bezahlen. Nach einer Korrektur können Sie Ihre Internet-Seite nochmal zur Prüfung geben. Das geht so lange, bis alles richtig ist. Man muss nämlich die Kriterien zu 100 Prozent erfüllen. Dabei kommen auch mal 10 Tausend Euro zusammen.

Sie erfahren in diesem Buch, wie Sie selbst eine erste BITV-Einstufung machen können. Dieses Wissen können Sie dann auf Ihre oder andere Internet-Seiten anwenden. Ich gebe Ihnen auch einige Werkzeuge an die Hand, die beim Testen helfen. Es ist keine schwierige Software, sondern es sind verständlichere und interaktive Dinge. Sie können auch bei Experten oder Firmen eine BITV-Prüfung in Auftrag geben. Über die Webseite BITV-Test finden Sie deren entsprechende Partner-Firmen. Das ist aber kostenpflichtig, ja sogar sehr teuer. Zudem dauert es lange, ein Ergebnis zu bekommen. Wir haben schon mal einen Test beauftragt und wissen, wovon wir sprechen. Man bezahlt für die Prüfung mehrerer Unter-Seiten von einer gesamten Internet-Seite. Eine BITV-Prüfung mit Bericht dort wird Sie dann mehrere Tausend Euro kosten. Die Firma HeiReS bietet auch solche BITV-Tests mit Bericht und sogar Beratung. Damit BITV-Tests möglich werden für viele, bieten wir das weitaus günstiger an.

Sie erfahren in diesem Buch alles Wichtige über die BITV und deren Prüf-Kriterien. Es ist übersichtlich und verständlich, weil es in Leichter Sprache ist. Sie erfahren auch, wie Sie eine erste BITV-Einstufung selbst machen können. Damit erhalten Sie etwas, das einfacher, praktischer und günstiger ist.

Der Nutzen von einer BITV-Zertifizierung

Mit einer BITV-Zertifizierung steigen Aufmerksamkeit und Wahrnehmung für Ihr Projekt. Passt Ihre Webseite zu 100 Prozent zur BITV, kann sie zertifiziert werden. Dann kann sie auch auf der BITV-Test-Webseite als zertifiziert aufgelistet sein. Und Sie dürfen das offizielle BITV-Siegel auf Ihrer Webseite als Werbung nutzen. Damit sagen Sie Besuchern Ihrer Internet-Seite: "Sehen Sie hier – unsere Webseite ist nach BITV zu 100 Prozent barrierefrei." Mit diesem BITV-Siegel bekommt ein Projekt eine besondere Sichtbarkeit.

Aber die Aufnahme auf die Liste von den BITV-Test-Webseiten ist schwierig. Die BITV-Stelle ist aktuell im Stress wegen vieler Anfragen und Aufträge. Das liegt an Gesetzes-Änderungen rund um Barriere-Freiheit und Teilhabe-Recht. Diese Änderungen wirken sich stark auf die Vorgaben in der BITV aus. Die Regeln von der BITV haben sich auch stark geändert. Es gibt viele neue Regeln durch internationale Standards. Dadurch steigt der Bedarf zum Testen und Prüfen von digitaler Barriere-Freiheit stetig. Es gibt außerdem nur wenige Prüfstellen für diese BITV-Zertifizierungen. Daher dauert es 3 bis 6 Monate, bis man sein BITV-Test-Ergebnis als Bericht erhält.

Die BITV-Test-Webseite listet nur Internet-Seiten mit dort überprüfter Barriere-Freiheit. Es sind Internet-Seiten, die wirklich alle 98 BITV-Kriterien zu 100 Prozent erfüllen. Diese Vorgaben sind sehr schwierig zu erreichen. Das ist manchmal auch frustrierend.

Ungenauigkeit bei einer entwicklungs-begleitenden BITV-Prüfung ist der falsche Weg. Wer die BITV-Zertifizierung wirklich schafft, kann echt glücklich und zufrieden sein. Dann bekommen die Webseite und das Unternehmen eine entsprechende Strahl-Kraft.

Hier steht nämlich auch die Agentur oder das IT-Unternehmen, das die Seite gemacht hat. Auf der BITV-Test-Webseite steht dann: „Die und die Plattform sind barrierefrei.". Dort steht auch: „Die und die Agentur haben das gemacht." Auf der BITV-Test-Webseite gibt es eine Liste mit Agenturen. Dort sind aktuell noch sehr wenige Agenturen aufgeführt. Man hat also eine gute Chance, dort als Dienstleister wahrgenommen zu werden. So können Sie als Agentur zeigen: "Ja, wir können das! Wir können nach den BITV-Regeln barrierefrei gestalten und entwickeln." Das ist eine starke Werbung für Agenturen und damit ein legitimer Vorteil. Diese bessere Ausstrahlung als Vorteil zu nutzen, kann ich Ihnen nur raten. Das ist nur fair. Wenn man sich engagiert, dann darf das einen Nutzen haben.

Diese Expertise biete ich als Person zusammen mit meiner Firma HeiReS an. Daher strebe ich auch eine Listung dort an. Das zeigt, dass wir schöne, gebrauchs-taugliche und barrierefreie Anwendungen gestalten. Webseiten, Software und mobile Apps entwickeln wir kompetent ebenfalls barrierefrei. Damit sind wir durchaus Vorreiter in unserer Branche. Wir bringen unsere hohe Fach-Kompetenz in Gestaltung und Entwicklung nämlich so auch sozial ein. Das tun wir, indem wir immer häufiger Teilhabe in den Vordergrund stellen."

Auf der BITV-Test-Webseite steht auch das entsprechende „CMS". CMS steht für Content Management System. Übersetzt: Mit solchen Systemen verwaltet man die Inhalte von Webseiten, Software oder Apps. Nutzen Kunden zur Erstellung einer Web-seite ein CMS, spart das viel Geld. Beim gelisteten Web-Projekt wird auch das genutzte CMS genannt. Über einen Extra-Reiter ist es ebenfalls für alle Nutzer sichtbar. Viele nutzen CMS-Lösungen wie „Wordpress", „Drupal" oder „Typo3". Hat man ein eigenes CMS, kann man dieses hier gut platzieren. Das hat den Mehrwert, dass man so seine Zielgruppe erweitern kann. Für sein eigenes CMS als Produkt bekommt man so eine bessere Wahrnehmung.

Wir von HeiReS haben ein eigenes CMS entwickelt. Es heißt „ConDiSys". Das ist für uns das Ergebnis jahrelanger Erfahrung in Design und Entwicklung. Hier steckt unser Bestes drin, verbunden mit Leidenschaft und hoher Expertise. Mit unserem CMS haben wir schon 2 große Plattformen kostenlos erstellt. Unser CMS kann Webseiten, mobile Apps und Software als Endergebnis realisieren. Es bietet schon viele Punkte, wo die Ergebnisse barrierefrei sind. An fehlenden Punkten im Bereich Barriere-Freiheit arbeiten wir mit unseren Kollegen stetig. Ich glaube, dass unser CMS „ConDiSys" Schlüssel zu vielen barrierefreien IT-Lösungen ist. Wer sich auf besondere Weise engagiert, sollte auch darüber reden dürfen. Ein bisschen stolz sind wir schon auf das, was wir da entwickelt haben.

Ich möchte Sie ermutigen, einen positiven Nutzen für sich zu erkennen. Dann gehen Sie mit mehr Begeisterung in die Umsetzung von Barriere-Freiheit. Erkennen Sie Ihren eigenen Vorteil. Dabei ist es ganz egal aus welchem Blickwinkel. So macht Helfen doppelt Freude.

Einladung zum Nachdenken und Umsetzen
Welche Vorteile wünschen Sie sich durch Engagement für Barriere-Freiheit? Wie möchten Sie sich aufstellen? Wollen Sie eine BITV-Zertifizierung für Ihr Projekt? Wollen Sie Ihr Unternehmen auflisten lassen als Dienstleister?

Raum für Ihre Notizen

Die Umsetzer von Barriere-Freiheit

Unternehmer und Entscheider

Der Entscheider ist die erste Stelle für die Umsetzung von
Barriere-Freiheit. Er sagt auf Unternehmens-Ebene oder in
anderen oberen Ebenen: „Ja, wir wollen Barriere-Freiheit korrekt
umsetzen und Inklusion unterstützen." Das entscheidet er zum
Beispiel auch als Firmen-Kunde oder als Behörde. Barriere-
Freiheit ist eine Entscheidung, die von ganz oben kommen muss.
Sie muss sozusagen vom obersten Chef kommen. Es wird halt
aufwendig und teuer werden in Gestaltung und Entwicklung.
Das Trifft auch zu bei Medien-Aufbereitung sowie beim Testen
und Zertifizierung auf die BITV. Wenn man Barriere-Freiheit von
Anfang an einplant, ist aber alles einfacher und günstiger. Barriere-
Freiheit erst am Ende einzubauen, wird deutlich schwieriger und
weitaus teuer. Es dauert zudem viel länger.
Der Entscheider sollte also früh die Vorteile erkennen und klar
sagen: „Ja, ich will Barriere-Freiheit." Entscheidet der Chef über
Barriere-Freiheit, vermeidet dies auch Diskussionen mit anderen
Beteiligten darüber.

Hier nochmal die wesentlichen Vorteile in Erinnerung gebracht:
Wenn Sie sich an die BITV-Regeln halten, bieten Sie höhere
IT-Qualität. Mit Blick auf Gesetze und Vorgaben sind Sie auf
der sicheren Seite durch die BITV. Als Dienstleister können Sie
öffentliche Auftrag-Geber als Kunden gewinnen.
So können Sie auch eine Ausschreibung als Auftrag holen oder
anstoßen. Das hängt davon ab, auf welcher Seite Sie stehen.
Also, ob Sie eine Firma haben oder öffentliche Hand sind. Sie
können Ihre Zielgruppe und Kundengruppe stark vergrößern um
Menschen mit Behinderungen oder Einschränkungen.

Natürlich zeigen Sie auch gelebte Vielfalt durch Umsetzung von Barriere-Freiheit. Stellen Sie sich aktiv auf Menschen mit Behinderungen ein. Dann haben Sie als Unternehmen mehr Chancen, neue Mitarbeiter zu gewinnen. Sie können Menschen mit Behinderungen in Ihrem Unternehmen anstellen. Dafür müssen Sie nur Denkweise, Räume, Technik und digitale Lösungen umstellen. Sie erfüllen mit Barriere-Freiheit Ihre Pflicht von der sozialen Verantwortung. Das machen Sie durch Inklusion und breite Teilhabe von vielfältigen Menschen. Mit Einsatz für Barriere-Freiheit und Inklusion strahlen Sie viel Positives aus. Das ist der unternehmerische Nutzen für Ihre Firma. Das steigert auch den Marken-Wert, den Ihre Firma und Ihre Produkte haben.

Für die öffentliche Hand ist Erfüllung von Barriere-Freiheit bereits seit Jahren gesetzliche Vorgabe. Die gesetzliche Verpflichtung zur Barriere-Freiheit basiert auf Gesetzen zur Gleich-Stellung von Menschen mit Behinderungen. Zur öffentlichen Hand gehören Behörden, Ministerien, Verwaltung von Städten und Kommunen sowie einige Firmen. Diese müssen Barriere-Freiheit sicher stellen für ihre digitalen Plattformen, Webseiten, Software und Apps. Auch wenn es viele Verstöße gegen diese Vorgabe gibt, sind diese aktuell noch frei von Straf-Zahlungen.
In den nächsten Jahren kann es allerdings teuer werden durch das neue Barriere-Freiheits-Stärkungs-Gesetz. Die Pflicht zu Barriere-Freiheit wird darin deutlich ausgeweitet und verschärft – sogar mit Strafzahlungen. Es ist sinnvoll, dass sich jetzt endlich alle mit digitaler Barriere-Freiheit beschäftigen.

Menschen mit Einschränkungen können bei Verstößen ihr Recht auf barrierefreie Nutzung einfordern. Sie können eine Verletzung von ihren Rechten als behinderter Mensch melden. Dazu gibt es zuständige Ansprechpartner, die sich um Korrekturen kümmern müssen.

Wie gesagt - Webseiten, Software, Apps, PDFs und Medien sowie andere digitale Lösungen müssen barrierefrei nutzbar sein. Zur öffentlichen Hand gehören kleine Kommunen, größere Städte, Landkreise, Bundes-Länder, der Bund, verschiedene Unternehmen und andere halb-öffentliche Institutionen. Das sind Krankenhäuser, Universitäten, Versorger und Entsorger sowie der öffentliche Nahverkehr. Alle diese Institutionen von der öffentlichen Hand müssen bald barrierefreie digitale Lösungen haben. Das wird ganz schön stressig werden für diese Organisationen. Es liegt nämlich noch sehr viel Arbeit vor denen wegen fehlender Barriere-Freiheit.

Und sie müssen behinderten-freundliche Arbeitsplätze bereithalten als Arbeitgeber. Ihre Institution als technischer Arbeitsplatz muss zugänglich sein. Das gilt auch für Informationen und digitalen Lösungen. Die Umsetzung können Sie entweder tun, indem Sie alle Ihre Sachen selbst überarbeiten. Oder Sie geben die Sachen in Auftrag und lassen es erledigen.

Sie können sich auch bestehenden Plattformen anschließen, die schon barrierefrei sind.

Wir selbst haben aktuell 2 große kostenfrei zugängliche digitale Plattformen entwickelt. Dort können Sie sich gern anschließen, wenn die Themenfelder für Ihre Region interessant sind. Es sind die Plattformen zur besseren Vereinbarkeit von Familie und Beruf. Diese ist aktuell für das Land Sachsen und für die Stadt Dresden vorhanden. Unsere Plattform Welcome App Germany steht für Welt-Offenheit und gelingende Integration. Diese Plattform gibt es seit 2015. Sie wendet sich an Migranten, Behörden und Firmen. Es gibt sie für 50 Städte, 10 Landkreise und ein Bundes-Land, nämlich Sachsen. Zudem besteht eine ganz große Fassung für die Bundes-Ebene. Die ist für alle Menschen in Deutschland da. Schauen Sie sich die Plattformen mal an, vor allem, wie Barriere-Freiheit gelöst ist.

Wenn Sie Arbeitgeber sind, möchte ich Sie noch mal an einige Vorteile erinnern. Sie haben durch digitale Barriere-Freiheit die Chance, neue Mitarbeiter zu gewinnen. Mit breiter Teilhabe und Vielfalt können Sie den Unternehmens-Wert Mensch bestens für sich nutzen. Sie kommen auch in Kontakt mit Betroffenen, anderen Unternehmen und Institutionen. Wenn Sie sich für Menschen mit Benachteiligungen einsetzen, zeigen Sie soziale Verantwortung. Sie können als regionaler Arbeitgeber Unterstützung anbieten und damit sichtbar werden. So können Sie als Arbeitgeber einfache Menschen mit Behinderungen als Fachkräfte gewinnen. Damit bekommen Sie Ihren Fachkräfte-Bedarf besser in den Griff.

Einladung zum Nachdenken und Umsetzen

Können Sie eine klare Entscheidung für Barriere-Freiheit treffen in Ihrer Rolle? Inwieweit kann Barriere-Freiheit ein Mehrwert für Sie und Ihre Kunden sein? Warum ist es sinnvoll, sich für Barriere-Freiheit in Ihrer IT-Lösung zu entscheiden?

Raum für Ihre Notizen:

Usability-Leute und Konzepter

In der praktischen Umsetzung muss man Barriere-Freiheit von Anfang an mit bedenken. Die erste Gruppe sind die Leute, die grundlegende Konzepte für digitale Lösungen schreiben. Sie durchdenken den Bedarf, haben erste Ideen und schreiben diese in Konzepten auf. Diese Berufs-Gruppe wird daher oft „Konzepter" genannt. Sie werden auch als Usability Experten bezeichnet. Diese Fach-Leute sind zuständig für die Gebrauchs-Tauglichkeit von digitalen Produkten. Der Grad, in wieweit ein Produkt für seine Nutzer geeignet ist, ist planbar.

Die Usability-Leute haben daher ein gutes Experten-Wissen über Nutzer-Gruppen und deren Bedürfnisse. Damit ein digitales Produkt für Menschen mit Einschränkungen geeignet ist, muss es passend durchdacht sein. Die im Konzept definierte Nutzer-Gruppe muss um Menschen mit Einschränkungen erweitert werden. Mit Ihrem neuen Wissen können Sie sich in Menschen mit Behinderungen hineinversetzen. Normalerweise ist die Usability aber eng ausgelegt auf wenige spezielle Nutzer-Gruppen. Menschen mit Behinderungen finden in der Usability leider selten Beachtung. Damit digitale Barriere-Freiheit entstehen kann, muss sich das ändern. Es bedarf einer ganzheitlichen Betrachtung – frei von Abgrenzungen.

„Accessibility" ist das internationale Wort für Zugänglichkeit und meint auch Barriere-Freiheit. Die Accessibility Norm für Barriere-Freiheit hat Menschen mit Behinderungen im Fokus. Bei der Konzeption von Gebrauchs-Tauglichkeit nach Norm muss Barriere-Freiheit anders gedacht werden. Man überlegt sich weiterhin seine Nutzer-Gruppen und den Nutzungs-Kontext. Der Nutzungs-Kontext beinhaltet Aufgaben, Werkzeuge und Umfeld von den jeweiligen Nutzer-Gruppen. Diesen erweitert man um die speziellen Bedürfnisse von Menschen mit Behinderungen.

Jeder Mensch aus einer Nutzer-Gruppe könnte von einer Behinderung betroffen sein. Das bedenkt man von vornherein. Daher ist die gesamte Konzept-Arbeit immer getragen von dem Gedanken: „Das interaktive System müssen auch Menschen mit Behinderungen bedienen können." Das sollte bereits früh im Konzept für die Gebrauchs-Tauglichkeit stehen. Im Grunde genommen begleiten die Gedanken an Menschen mit Behinderungen uns im gesamten Prozess.

Zuerst wird dieses schriftliche UX-Konzept erstellt mitsamt aller wichtigen Aspekte. UX ist die gebräuchliche Abkürzung für User Experience. Zu Deutsch heißt das Nutzungs-Erlebnis, also wie ein Nutzer ein Produkt erlebt. Im UX-Konzept schreibt man die Nutzer-Gruppen und den Nutzungs-Kontext detailliert auf.

Nun noch mal im Detail zu den Nutzer-Gruppen, weil es so wichtig ist als Schlüssel: Sie klären, welche Nutzer-Gruppen in welchem Kontext am interaktiven System arbeiten. Das interaktive System ist die digitale Lösung. Das kann die Internet-Seite, Software oder mobile App sein. Diese Nutzer-Gruppen kennzeichnen sich durch ihre gemeinsamen Aufgaben am System. Man beschreibt genau die Fähigkeiten und Fach-Kenntnisse von den Nutzer-Gruppen. Die Nutzer haben nämlich im Alltag bestimmte Aufgaben am System zu erledigen. Dazu müssen die Nutzer zudem bestimmte Arbeitsmittel und Technik einsetzen. Sie tun das im Kontext von einer Organisation. Sie tun das in einem Umfeld und bezogen auf Aufgaben.

Um das Ganze mal mit einem nachvollziehbaren Beispiel zu unterlegen: Ein Bauleiter hat beruflich verschiedene Aufgaben zu erledigen. Er soll ein Bauvorhaben organisieren und die Bauarbeiter koordinieren. Zudem soll er die Bau-Materialien im Blick haben und die Baustelle absichern. Zur Hilfe hat er entweder eine Software oder App, also ein interaktives System. Einen Teil seiner Arbeits-Aufgaben kann er daran erledigen – zum Beispiel die Planung. Zu seinen Arbeitsmitteln gehört der Computer oder das Tablet. Darauf läuft die Anwendung – das interaktive System an sich. Und er hat weitere Programme wie ein E-Mail-Programm oder eine Architektur-Software. Vielleicht hat er auch einen Drucker oder sogar angeschlossene Sensoren. Der Bauleiter erledigt seine Arbeit in einem bestimmten Umfeld. Er tut das am Computer zum Beispiel im Büro oder in einem Bauwagen. Seine Arbeit erledigt er auch direkt an seinem sein mobilen Tablet draußen auf der Baustelle.

Für Barriere-Freiheit müssen Sie diese Schritte komplett so durchdenken. Eine oder mehrere Nutzer-Gruppen könnten von Behinderungen betroffen sein. Zum Beispiel kann der Bauleiter gehör-geschädigt sein durch einen Unfall. Vielleicht möchte er weiterhin seinen Beruf ausüben. Daher müssen wir uns überlegen, wie dann das interaktive System aufgebaut ist. Zu den Nutzer-Gruppen werden daher die möglichen 5 Behinderungen ergänzt. Sie werden um diese Punkte weitergedacht. Erst dann ist alles komplett barrierefrei konzipiert.

Zum UX-Konzept gehören auch nutzer-zentrierte Anforderungen an die digitale Lösung. Alle Aspekte von der Bedienung werden im UX-Konzept beschrieben. Erst nach diesem UX-Konzept setzen Sie Ihre Ideen in visuelle Interaktions-Prototypen um. Dabei gilt es, die Regeln der ISO Norm 9241 für Gebrauchs-Tauglichkeit weiterzudenken.

Am Ende wird die Anwendung zusammen mit Betroffenen auf Gebrauchs-Tauglichkeit getestet. Man kann nämlich messen, wie gebrauchs-tauglich ein interaktives System ist. Es gibt eine klare Definition für die Messbarkeit von Gebrauchs-Tauglichkeit. Ein interaktives System kann in seiner Qualität an 3 Punkten beurteilt werden.

Wie effektiv ist es einsetzbar zur Aufgaben-Erledigung? Das bedeutet: „Kann ich meine Aufgaben daran erledigen?" Wie effizient ist das System zur Aufgaben-Erledigung? Das bedeutet: „Wie viel Zeit, Aufwand, Denkleistung benötige ich?" Und dann der emotionale Faktor, nämlich die dabei entstehende Zufriedenheit. Also: „Klappt das alles gut, schnell und einfach? Ist der Nutzer zufrieden mit seiner Arbeit am interaktiven System?" Falls das System die ganze Zeit abstürzt, bin ich sicherlich kaum zufrieden. Unzufrieden bin ich auch, wenn ich als Blinder meine Arbeiten nur mit Hilfe ausführen kann. Ein blinder Mensch hat zum Beispiel echte Schwierigkeiten, online ein Zugticket zu bestellen. Leider wird bei solchen Webseiten teilweise die Barriere-Freiheit missachtet. Man kann alles an den Kriterien Effektivität, Effizienz und Zufriedenheit messen. Und das können Sie auch mit der Perspektive von den 5 verschiedenen Behinderungen.

Zur Absicherung von Gebrauchs-Tauglichkeit gibt es in ISO 9241-110 die 7 Dialog-Prinzipien. Mit diesen Prinzipien kann ein Experte sehr genau die Gebrauchs-Tauglichkeit überprüfen. Sind die Prinzipien erfüllt, ist die Gebrauchs-Tauglichkeit nach Vorgabe gesichert. Mit der Erfüllung von den Dialog-Prinzipien ist die IT-Lösung dann normgerecht nach ISO.
Im Grunde hängen Gebrauchs-Tauglichkeit und Barriere-Freiheit sehr eng zusammen. Das wäre dann „Usability for all" – Gebrauchs-Tauglichkeit für alle Menschen. Die 7 Dialog-Prinzipien von der Norm 9241-110 müssen für alle Nutzer erfüllt sein. Wenn das der Fall ist, ist die IT-Lösung auch für Menschen mit Behinderungen zugänglich. Sie können diese dann nutzen.

Die 7 Dialog-Prinzipien für Gebrauchs-Tauglichkeit
Zu den 7 Dialog-Prinzipien erhalten Sie nur Grund-Begriffe zu Ihrem Verständnis. Details und Tiefen-Prüfung wären große Themen im Bereich Usability Engineering.

Aufgaben-Angemessenheit ist das 1. und wohl wichtigste der 7 Dialog-Prinzipien. Das heißt: „Ist mein System so angelegt, dass der Nutzer seine Aufgaben erledigen kann?"

Das 2. Prinzip ist die Selbst-Beschreibungs-Fähigkeit. Ist in meinem System alles selbst-erklärend? Kann der Nutzer alles verstehen ohne zusätzliche Erklärungen?

Steuerbarkeit als 3. Prinzip: „Ist das System vom Nutzer nach seinem Bedarf steuerbar? Kann er sich frei durch die Anwendungen bewegen oder wird er irgendwie aufgehalten?" Gilt das auch für Menschen mit Behinderungen? Da gibt es sehr viele Fallen.

Als 4. Prinzip: Ist mein System fehler-tolerant? Hier ist gemeint: „Toleriert das System, dass der Nutzer Fehler macht? Unterstützt es den Nutzer bei der Behebung von Fehlern und gibt Lösungs-Vorschläge?"

„Ist das System individualisierbar?" ist das 5. Prinzip. Individualisierbar heißt: Der Nutzer muss es seinen Bedürfnissen anpassen können. Die Möglichkeit von eigenen Einstellungen ist der wichtigste Schlüssel zur Barriere-Freiheit.

Das 6. Prinzip ist die Lern-Förderlichkeit. „Hilft mein System dem Nutzer dabei, dieses System leicht und schnell zu erlernen? Gibt es Hilfestellung wie kleine Tutorials, Handbuch-PDF oder ein Erklär-Video? Kann der Nutzer das System selbstständig erlernen? Fördert es das Erlernen?

Als 7. Prinzip und ebenfalls sehr wichtig ist die Erwartungs-Konformität. Verhält sich mein System konform zu den Erwartungen von den Nutzern? „Finde ich alles an den Stellen wieder, wo ich es erwarte? Ist es bedienbar, wie ich erwarte? Hält es sich an Standards und Konventionen?"

Jetzt haben Sie die 7 Dialog-Prinzipien kurz kennengelernt. Das werden die Aufgaben des Usability-Engineers sein. Damit haben Sie einen Grund-Einstieg ins Usability-Engineering bekommen.

Einladung zum Nachdenken und Umsetzen
Gehört die Konzeption von digitalen Lösungen zu Ihren Aufgaben?
Wie sollten Sie Ihre Nutzergruppen und Zielgruppen erweitern?
Versuchen Sie doch mal die Dialog-Prinzipien mit einzubeziehen.

Raum für Ihre Notizen

Texter und Schreiber

Bei der Umsetzung von Barriere-Freiheit spielt eine dritte Gruppe eine wichtige Rolle. Das sind die Texter, Autoren, Redakteure – also Menschen, die Texte schreiben. Auch Menschen, die Texte schreiben, haben Verantwortung für gelingende Barriere-Freiheit. Die Worte sind nämlich ein wesentliches Mittel, damit alle Menschen alles verstehen.

Betrachten wir das mal aus umgekehrter Perspektive, wenn Texten misslingt. Vielleicht kennen Sie ja solche Situationen: Sie haben ein Schreiben von einem Anwalt bekommen. Alternativ kann es auch ein Schreiben von einem Amt oder einer Behörde sein. Oder Sie haben mal eine wissenschaftliche Studie gelesen oder ein komplexes IT-Fachbuch. Alles das sind Texte, die auf einem sehr hohen Sprach-Niveau geschrieben sind. Das Gleiche gilt auch für Fach-Konferenzen oder wissenschaftliche Zeitungs-Artikel. Nicht ausgenommen sind politische Reden und sogar Gesetzes-Texte oder Verordnungen vom Staat.

In allen Beispielen ist das vorrangige Ziel ein hohes Sprach-Niveau. Experten für ein Thema möchten damit besondere Kompetenz ausdrücken. Manchmal müssen Texte nach einer bestimmten Vorgabe formuliert werden. Das gilt zum Beispiel für die juristische Sprache oder das so genannte Behörden-Deutsch. Behörden oder öffentliche Hand arbeiten oft mit vorgefertigten Text-Bausteinen in Amts-Deutsch. Sach-Bearbeiter in Ämtern und Behörden schreiben Briefe über fertige Blöcke. Damit arbeiten Behörden schneller und insbesondere konform zu Gesetzen.

Das hohe Sprach-Niveau schließt leider viele Menschen aus. Teils brauchen ausländische Mitbürger Hilfe, um Anschreiben vom Amt zu verstehen. Es geschieht somit also Exklusion, Menschen mit wenig Kenntnissen von der deutschen Sprache werden ausgeschlossen.

Hohes Sprach-Niveau schließt auch Menschen mit einem geringeren Bildungs-Grad aus. Schreiben von einem Anwalt oder ein Vertragswerk sind in Juristen-Deutsch geschrieben. Ein gering gebildeter Mensch kann so ein oftmals wichtiges Schreiben kaum verstehen. Manchmal soll man etwas unterschreiben, obwohl der Inhalt schwer verständlich ist. Obwohl der Inhalt schwer zu verstehen ist, muss der Leser Verantwortung tragen. Er muss eine Unterschrift leisten unter dem Vertrag und verpflichtet sich dazu. Das geschieht, weil Text und Urteil in vorgegebenem Juristen-Deutsch verfasst sind. Die teilweise harten Folgen von komplexer Sprache werden jetzt mehr als deutlich. Deshalb ist es so wichtig, sich in einfacher, klarer Wortwahl auszudrücken. Texter müssen daher mit Sprache die Umsetzung von Barriere-Freiheit unterstützen.

Sehr schwierig ist geschriebene Sprache für die 7,5 Millionen funktionalen Analphabeten. Das sind Menschen mit großen Schwierigkeiten beim Lesen und Schreiben. Diese muss man erreichen, damit sie teilhaben können am gesamten Leben. Das gilt natürlich auch für das digitale Leben. Das gilt für Internet, Software, Apps, Social Media. Digitales Leben beinhaltet natürlich auch Worte. Im Grunde sind sie am wichtigsten. IT ist halt mehr als Technik und Grafik. Worte bilden schlussendlich den Inhalt von allem.

Ich habe für Sie ein paar Tipps und wesentliche Punkte zusammengestellt. Wenn Sie diese anwenden, schreiben Sie bessere und barrierefreie Texte: Als Texter oder Schreiber müssen Sie Verantwortung für das Wort übernehmen. Insbesondere für das einfache Wort oder sogar das barrierefreie Wort. Vermeiden Sie daher Fach-Sprache, Juristen-Deutsch und Behörden-Deutsch. Mit einer barrierefreien, einfachen Wortwahl haben Sie einen Nutzen für sich. Sie erweitern Ihre Zielgruppe deutlich und erreichen mehr Menschen.

Mit einfacher Sprache werden Sie und Ihre Botschaft viel besser verstanden. Das ist doch wunderbar – für Sie, Ihre Produkte, Ihre Firma. Daher gilt hier vorrangig: „Weniger ist mehr." Verzichten Sie auf Kompliziertes. Fassen Sie sich kurz. Kommen Sie auf den Punkt. Schreiben Sie kurze Sätze mit weniger Worten. Verzichten Sie auf Ausschmückendes und auf Wiederholungen. Also bei allem, was zu viel ist: Weg damit! Ja, eine vielfältige Wortwahl macht unsere Sprache schön, aber es nutzt keinem. Nutzen Sie bitte daher mindestens die einfache Sprache. Vielleicht sind einige Menschen damit weniger zufrieden.

Aber mit der einfachen Sprache erreichen Sie die Bevölkerung als Ganzes. Es hilft sehr vielen Menschen, wenn Sie in einfacher Sprache reden und schreiben. Als erweiterte, normierte Form werden Sie die Leichte Sprache noch kennenlernen. Das ist eine spezielle Sprache mit eigenen Regeln. Sie ist eigentlich für Menschen mit Lern-Schwierigkeiten gedacht. Aber sie hilft auch vielen anderen Menschen. Und Leichte Sprache ist notwendig, wenn Ihre digitale Lösung barrierefrei sein soll.

Bemühen Sie sich darum, in Geschichten zu denken und zu schreiben. Wenn Sie Geschichten erzählen, dann werden Sie gehört. Wir alle lieben Geschichten. Ich meine, einfache spannende Geschichten, an denen man die Dinge nachvollziehen kann. Vermeiden Sie die Aufzählung von Fakten. Das ist langweilig und Sie verlieren die Leser. Es ist besser, Dinge in eine kurze Geschichte zu kleiden. Schildern Sie die Geschichte mit einer Person, die diese erlebt hat. Denken Sie auch ein wenig wie in einem Film. Geschichten erzeugen Bilder im Kopf. Sie haben mit Worten die Möglichkeit, tolle Bilder zu erzeugen, fast filmreif. Bilder sind emotional außerdem viel intensiver als lange Texte. Wir können uns die Dinge viel besser merken und vorstellen. Daher mein Rat: Werden Sie zu einem guten Geschichten-Erzähler.

Zu guten Geschichten gehören auch Beispiele, so wie sie passiert sind. Am konkreten Beispiel kann man sich das gut vorstellen. Fügen Sie Ihren Aussagen Beispiele hinzu, die diese veranschaulichen. Dann wird Ihre Geschichte für den Nutzer nachvollziehbar und greifbar. Sie überzeugt so ohne viele Worte und prägt sich besser ein.

Denken Sie auch daran, Ihre Texte medien-tauglich zu verfassen. Schreiben Sie Texte so, dass man sie auch in verschiedenen Medien nutzen kann. Dazu müssen Sie sich folgende Fragen stellen: In welchem Kontext erscheint der Text? Kommt er auf eine Webseite, in eine Software oder eine App? Schreibe ich für eine Webseite, die den Verkauf von einem Produkt fördert? Oder ist das Ziel eher eine Informations-Plattform? Sind es Texte für die Navigation innerhalb einer App? Oder ist es ein Text für Formulare in einer PC-Software für die Verwaltung?

Sie müssen immer den Zusammenhang in der IT-Lösung sehen, bevor Sie etwas schreiben. Idealerweise bereiten Sie sich das in Ihrem Textverarbeitungs-Programm vor. In Word zum Beispiel, kann man vorbereitete Texte in ein Dokument einfügen. Die Dokumenten-Struktur entspricht zum Beispiel der künftigen Webseite. So sehen Sie auch sofort, welche Textlängen angemessen sind. Sie sehen auch, an welchen Stellen Sie kurze Worte verwenden sollten. Navigation oder Beschreibungs-Texte müssen Sie unterschiedlich texten. Eine Art Grundstruktur hilft Ihnen sehr, medientauglich zu handeln.

Einladung zum Nachdenken und Umsetzen

Sind Sie sich Ihrer hohen Verantwortung beim Schreiben bewusst? Was sollten Sie berücksichtigen, wenn Sie in Zukunft etwas schreiben? Warum ist einfache Sprache für gute Texte in barrierefreien Plattformen so wichtig?

Raum für Ihre Notizen

Designer und Gestalter

Die schriftlichen Konzepte werden weiter verarbeitet von Designern zu optischen Modellen. Dadurch haben auch Designer einen wesentlichen Anteil an gelingender Inklusion. Sie gestalten nämlich das Oberflächen-Design für Webseiten, Software und Apps. Nur als so genanntes inklusives Design werden digitale Lösungen auch nutzbar für Menschen mit Einschränkungen. Bei inklusivem Design wird ähnlich wie im Konzept der Mensch ganzheitlich als Nutzer mit einbezogen. Es liegt in Ihrer Hand als Designer, digitale Lösungen wirklich menschen-freundlich zu gestalten.

Mit meiner langjährigen Erfahrung als UX-Designer kann ich Ihnen helfen, eine Denk-Änderung zu vollziehen. Besonders für Gestaltung von digitalen Produkten habe ich viele hilfreiche Tipps für Sie. Damit können Sie dann auch selbst ein besseres inklusives Oberflächen-Design von digitalen Lösungen machen. Sie sollten nach den allgemeinen Prinzipien von inklusivem Design arbeiten. Im Kern sind es die Regeln von klarem einfachem Design. Ein Design mit guter UX, also Nutzungs-Erlebnis für alle Menschen. Es geht um die Schönheit von Einfachem und das Erleben mit mehreren Sinnen. Ebenso geht es um den Fokus auf Inhalte, um ein klares Schriftbild und um Bild-Intensität. Das schön Einfache gewinnt hier. Je einfacher eine Anwendung ist, umso inklusiver ist sie. Inklusives Design kann auch chic sein. Aber beachten Sie: Gestalten Sie zuerst inklusiv und dann exklusiv.

Inklusives Design können Sie direkt im Interaktions-Design und klickbaren Prototyp mit abbilden. Idealerweise gestalten Sie es gleich für die geplanten Plattformen und Ziel-Größen. Halten Sie sich bei Ihrem Design auch an die Vorgaben für Ihre Ziel-Plattformen und an reale Größen für das End-Ergebnis. Skizzieren Sie Ihr Design zum Beispiel als App für mobile Plattformen. Oder

entsprechend eindeutig als Webseiten oder als PC-Software.
Bilden Sie es für Smartphones und Tablets im Hoch-Format und
kleiner ab. Für Laptops und PC-Monitore gilt da eher das
Querformat in größeren Größen.

Arbeiten Sie bei Ihren Entwürfen gleich nach den Prinzipien vom
inklusiven Design. Das oberste Prinzip beim inklusiven Design ist
Einfachheit und Klarheit. Sie sollten daher die Standards der Plattformen gut kennen und diese bevorzugt einsetzen.
Ist das UI-Design nahe an technischen Standards, dann ist es
teilweise schon inklusiv. Für Designer klingen Standards auf den
ersten Blick oft langweilig und unattraktiv. Das muss aber keineswegs so sein. Dinge können standard-konform und schön in
gleichem Maße sein. Gestalten Sie daher Ihr UI-Design zuerst
einfach und inklusiv nach gängigen Standards. Gestalten Sie also
für alle Sinne und mit Fokus auf die Inhalte.

Haben Sie dabei im Kopf, dass Ihre Nutzer Menschen mit Einschränkungen sind. Bauen Sie also Interaktions-Prototypen
und Designs so, dass sie auch für diese Menschen nutzbar sind.
Theoretisch können Sie auch Spezial-Varianten für Menschen mit
Behinderungen anbieten. Besser ist aber inklusives Design, das
sich an alle Menschen richtet. Alles sollte so aufgebaut sein, dass
es für jeden Menschen funktioniert. Prototypen können einzelne
Bilder, klickbare PDFs oder technische Lösungen umsetzen. Wenn
Sie schon bestehende Anwendungen haben, müssen Sie diese
im Design überarbeiten. Bei großen IT-Lösungen ist es sinnvoll,
einzelne Szenarien vorerst prototypisch über einen Design-Entwurf zu verbessern.

Noch eine paar Worte zur praktischen Umsetzung von Interaktions-Prototypen und UI-Designs: Zur Erstellung von Inter-
aktion-Skizzen als klickbare Prototypen gibt es verschiedene
Tools. Tools sind digitale Werkzeuge, die als Software oder Web-

seiten nutzbar sind. Manche Lösungen sind kostenfrei, Lösungen für Profi kosten oft Geld. Für Interaktions-Prototypen nutze ich am liebsten die kostenpflichtige Software „Balsamiq". Für die Gestaltung von schicken UI-Designs nehme ich Adobe XD, ein Tool für Design-Profis. Aber es gibt auch kostenlose Möglichkeiten, die man im Internet einfach finden kann.

Eine Interaktion-Skizze als Prototyp bildet immer die Bedien-Reihenfolgen ab. Wie sind die Sachen auf dem UI angeordnet? Wie ist es bedienbar? Was sind Texte, was sind Bilder, was sind Bedien- oder Steuer-Elemente? Der Interaktions-Prototyp gibt damit einen Ausblick auf die künftige Anwendung. An diesem Punkt berücksichtigen Sie bitte die Barriere-Freiheit gleich mit. Gestalten Sie sofort eine Oberfläche, die möglichst system-konform ist. Sie sollten Internet-Seiten, Software und Apps immer systemkonform anlegen. Dann können die Entwickler das später korrekt umsetzen.

Schriftliche Style-Guides, also die Beschreibung von Designs, gehören auch zu den Designer-Aufgaben. Wahlweise erstellen Sie etwas Neues oder Sie müssen vorhandene Dinge über-arbeiten. In diesen Dokumentationen steht beschrieben, wie digitale Lösungen aufgebaut sein sollen. Das ist das grundlegende Regelwerk mit allen Design-Regeln zu Aufbau und Optik. Der Style-Guide muss auch Aussagen zu inklusivem Design und BITV-Umsetzung machen. Das hilft den Entwicklern, alles entsprechend zu programmieren.

Besonders gut und inklusiv ist ein UI-Design, wenn es mit ergänzender Bild-Sprache arbeitet. Gerade Designer haben die Fähigkeit, in Bildern zu denken und Dinge vor ihrem inneren Auge zu sehen. Also erschaffen Sie als Designer Dinge in Bild-Sprache oder illustrieren Sie die Zusammenhänge. Damit gewinnt jedes Design an Qualität und jeder Mensch an Verständnis. Laut BITV und Gesetzes-Vorgaben müssen alle Behinderungs-Arten bedacht und Lösungen dafür umgesetzt werden. Bild-Sprache ist das beste Mittel für Menschen mit geringerer Hirn-Leistungs-Fähigkeit und geringerem Lern-Vermögen. Mehr Bilder statt Texte ist gut für jeden Menschen. Bilder unterstützen beim Merken von Zusammen-Hängen und bei schneller Bedienung. Zudem sprechen Bilder die Nutzer emotional an. Also denken Sie in Bildern und setzen Sie schöne klare Bilder um. Ihre Nutzer werden es danken.

Für eine bild-sprachliche Umsetzung haben Sie verschiedene Möglichkeiten. Sie können selbst etwas zeichnen oder kostenlose Fotos und Grafiken nutzen. Bedenken Sie, dass viele Menschen nur einfache oder Leichte Sprache verstehen. Als Designer können Sie komplexe Sprache durch erklärende Bilder ergänzen. Sie geben den Menschen mit Hilfe von Bildern deutlichere Informationen als über Text. Idealerweise machen Sie das sogar als Animationen, so dass ein Film entsteht.

Es gibt sogar Anwendungen, mit denen man recht einfach Erklär-Videos erstellen kann. Diese sind speziell auf Einfachheit ausgelegt wie zum Beispiel „SimpleShow" oder „Doodly". Diese Erklär-Videos haben teilweise Bilder, Animationen, Untertitel und eine Sprach-Sequenz. Durch die Kombination aus Text, Bild und Ton helfen sie, Barrieren abzubauen. Menschen mit Sprach-Barrieren hilft das sogar, besser Deutsch zu lernen.

Einladung zum Nachdenken und Umsetzen

Was bedeutet inklusives Design als Anforderung an Sie als Designer? Warum muss ein Design zuerst inklusiv und dann erst exklusiv gestaltet werden? Was macht ein gutes barrierefreies Design plattform-übergreifend konkret aus?

Raum für Ihre Notizen

_____

_____

_____

_____

_____

_____

_____

_____

_____

_____

_____

_____

Entwickler und Programmierer

Nun geht es um die Entwicklung von barrierefreien Anwendungen aller Art. Im Kern hängt alles an der Entwicklung und der daraus entstehenden Code-Qualität. Usability-Leute, Designer und Projekt-Leiter können sich die tollsten Sachen überlegen. In der Programmierung muss alles ordentlich umgesetzt sein. Das muss nach bestem Wissen und Gewissen erfolgen. Sonst wird es weiterhin nur sehr wenige nach BITV barrierefreie Anwendungen geben. Bei dem Qualitäts-Anspruch ist egal, für welche Anwendung er gilt. Ob es sich um Webseiten, Software oder Apps handelt. Dafür müssen die Entwickler zunächst Chancen erkennen in barrierefreier Entwicklung: „Ich bin verantwortlich für die Code-Qualität, damit Barriere-Freiheit funktioniert. Mit meiner Leistung kann ich als Entwickler wirklich etwas bewirken und helfen."

Die Entwickler müssen also verstehen, wie sie Barriere-Freiheit umsetzen können. Die Vielzahl an technologischen Möglichkeiten für Barriere-Freiheit sollten sie kennen. Gerade bei der Entwicklung geht es darum, die Möglichkeiten von Technologie zu nutzen. Entwickler sind diejenigen, die die Fähigkeit haben, alle Hilfs-Technologien anzubinden. Aber damit das funktioniert, müssen Entwickler auch plattform-konform programmieren. Sie müssen akzeptieren und umsetzen, dass die Entwicklung standard-konform erfolgt. Es ist für Barriere-Freiheit besonders wichtig, nahe an den Standards zu programmieren.

Damit die Programmierung gut funktioniert, muss man die Regeln kennen und beachten. Es ist zwar viel, aber es lohnt sich. Sie sollten die Regeln auf den entsprechenden Webseiten nachlesen. Für große verschiedenen Plattformen gibt es dafür so genannte Accessibility Guidelines. Um Barriere-Freiheit aufzubauen, sollten die Entwickler diese kennen und einsetzen. Diese Entwicklungs-Qualität bildet bekanntlich die Grundlage für Barriere-Freiheit.

Ein Entwickler hat auch die Aufgabe, die Applikation für die BITV-Prüfung vorzubereiten. Der Bericht benennt die Fehler in den IT-Lösungen. Diese muss man beheben. Gerade bei der BITV muss genau geprüft und nach Vorschlag im Code korrigiert werden. Daher ist korrekt umgesetzte Barriere-Freiheit eigentlich eine Leistung von Entwicklern.

Technik soll inklusiv für alle Menschen funktionieren. Dafür brauchen wir barrierefreie IT. Es geht um barrierefreie Internet-Seiten, und um Teilhabe auf anderen Plattformen. Die Pflicht zur Umsetzung der Barriere-Freiheit betrifft vielfältige Anwendungs-Arten. Sie trifft für mobile Apps auf Smartphones zu, auch für Tablets für IOS, Android und Windows. Ebenso gilt sie für Soft-ware-Lösungen auf PCs. Das gilt für alte oder neue, zu Hause oder im Büro. Sogar Webinare und Live-Präsentationen sollten barrierefrei gehalten werden.

Alle Arten von PDFs müssten schon lange barrierefrei angeboten werden. Das sind aber Design-Leistung oder redaktionelle Leistung. Dazu gehören auch Audio und Video-Formate, die barrierefrei sein müssen. Das gilt ebenso für Office-Dokumente. Diese Grundregeln gelten im Grunde für alles. Die barrierefreie Einbindung von Dokumenten muss ebenfalls die Entwicklung tun. Es geht also um weit mehr als nur um Webseiten, wie oft vermutet. Es geht um das Große und Ganze der verschiedenen technischen IT-Lösungen. Alles muss man barrierefrei programmieren und dann bereitstellen. Die Umsetzungen mit der Technologie sind jeweils unterschiedlich. Der Bedarf an echter Programmierung ist ebenfalls unterschiedlich. Für eine Windows-Software-Lösung ist die Leistung sicherlich sehr hoch.
Bei Einbindung von Audio und Video ist die Programmier-Leistung eher geringer.

Einladung zum Nachdenken und Umsetzen

Was heißt nun also für Sie barrierefreie Entwicklung? Auf welchen Plattformen sind Sie mit barrierefreier Entwicklung gefordert? Inwieweit sind die BITV-Vorgaben für Sie als Entwickler wichtig und zutreffend?

Raum für Ihre Notizen

Tester und Qualitäts-Sicherer

Am Schluss muss die Qualität von Barriere-Freiheit nach BITV geprüft werden. Deshalb spielen Tester und Qualitäts-Sicherer eine sehr wichtige Rolle. Diese testen die Qualität vom fertigen Produkt auch auf Basis von Anforderungen. Bei einem digitalen Produkt gehört dazu auch die Barriere-Freiheit nach BITV. In der IT werden Produkte immer genau durchgetestet nach verschiedenen Kriterien. Man prüft, ob die Qualität von den programmierten Funktionen in Ordnung ist. Auch prüft man, ob die Kunden-Wünsche alle nach Anforderungen programmiert sind. Und man prüft, ob der Design-Entwurf im so genannten User Interface gut umgesetzt ist. Man schaut, ob technisch alles wie bestellt realisiert ist aus verschiedenen Blickwinkeln. Die Wortwahl und die Recht-Schreibung werden zudem auf Fehler überprüft.

Selten wird ein IT-Produkt aber auf Barriere-Freiheit nach BITV geprüft. Diese Prüfung auf die BITV passiert oft nur mit Zwang. Das passiert zum Beispiel für die öffentliche Hand. Für barriere-freie Produkte gibt es die bekannten Prüfstellen. Damit begnügt man sich. Das passiert auch bei Webseiten von staatlichen Stellen wie zum Beispiel vom Bund. Diese BITV-Tests mitsamt Zerti-fizierung haben wir ja schon besprochen. Die Prüfer haben dann nur den Blick auf die Barriere-Freiheit nach BITV-Regelwerk. Nach der BITV-Prüfung gibt es vielleicht das BITV-Siegel. Jedenfalls gibt es den Prüf-Bericht mit Empfehlungen zur Fehler-Korrektur.

Nur Einzelaspekte testen, ist wie ein Tunnelblick oder eine ein-seitige Sicht. Jede Tester-Gruppe betrachtet nämlich nur Einzel-Aspekte in Zusammenhang und Thema. Es wird einzeln nach Daten-Qualität oder Funktionen oder Recht-Schreibung geprüft. Oder nach IT-Sicherheit, Gebrauchs-Tauglichkeit, Design-Qualität und Wort-Qualität. Die Umsetzung von Barriere-Freiheit nach

BITV-Regeln wird dann ganz am Schluss geprüft. Eigentlich müsste man das bei künftigen IT-Produkten ganzheitlich und begleitend sehen.

Tester könnten Barriere-Freiheit nach den BITV-Regeln auch prozess-begleitend mit überprüfen. Der erste Schritt bei Tests ist immer eine Prüfung entlang der Anforderungen. Ganz am Anfang werden wie beschrieben die Anforderungen zusammen-gestellt. Das macht der Projektleiter, der Anforderungs-Manager oder der Usability Engineer. Hier muss jetzt geprüft werden: „Aha, das sind die Anforderungen. Passen die Anforderungen zum fertigen Produkt, zur Website, zur App, zur Software? Hat man die besprochenen Dinge aus dem Pflichtenheft umgesetzt?"

Dann ist die so genannte UI-Qualität zu überprüfen.
Das ist die von der Benutzer-Oberfläche. Natürlich erfolgt dies auch entlang den Anforderungen und Kriterien von gutem Design. Zu bedenken sind auch Gebrauchs-Tauglichkeit nach ISO 9241, sowie die Kriterien der BITV. Die Benutzer-Oberfläche ist das Einzige, was der Nutzer sieht und nutzen kann. Die Benutzer-Oberfläche ist das, womit der Nutzer kommuniziert und inter-agiert. Die Prüfung zu Barriere-Freiheit sollte dabei gezielt nach den BITV-Kriterien erfolgen. Die Kriterien kann man dann einzeln abhaken. Das geht zum Beispiel über eine Excel-Datei als Kommentar. Wichtig ist: Jede einzelne von den 5 anerkannten Behinderungen muss geprüft werden.

Es gibt für die BITV-Prüfung auch automatisierte Test-Methoden, die Zeit sparen. Diese sollten Sie nutzen. Sie helfen bei einer Erst-Feststellung von Barriere-Freiheit. Dazu haben wir den so genannten „Lighthouse Audit" genutzt. Das ist eine Software. Unser Projekt „Familie-und-Beruf" war dabei immerhin zu 95 Prozent barrierefrei. Automatisierte Prüfungen helfen schnell, um erste Schwach-Stellen zu entdecken. Am besten ist eine Doppel-

Prüfung mit eigenem Wissen und automatisierten Methoden. Wenn Sie die Schwach-Stellen kennen, finden Sie auch lösungsorientierte Tipps.

Nur Fehler und Verletzungen bei der BITV anzusprechen, ist zu wenig. Sie müssen auch eine Empfehlung zur Fehler-Behebung und Verbesserung aussprechen. Wenn zum Beispiel die Farbwahl zu kontrastarm ist, nennen Sie eine Alternative. Sie sollten eine Empfehlung für die Designer oder Programmierer geben. Gerade diese Verbesserungen gehören zu den Aufgaben von BITV-Test-Berichten. Der Weg ist, die Verletzung der BITV festzustellen und dann Empfehlungen auszusprechen. Fehler und Empfehlungen stehen in einem entwicklungs-begleitenden Prüfbericht. Die Korrektur-Vorschläge von dem Prüfer zu den Fehlern sollten umgesetzt werden. Nur so hat das Produkt die Chance auf echte Barriere-Freiheit nach BITV. Die Dokumentation von dem Prüfer sollte immer in einem schriftlichen Prüfbericht erfolgen. So können Sie als Tester für Barriere-Freiheit jeden Prozess durchgehen und überwachen. Damit übernehmen Sie Verantwortung für die Qualität von Barriere-Freiheit nach BITV.

Einladung zum Nachdenken und Umsetzen

Warum ist das Testen von digitalen Produkten auf die BITV so wichtig? Was müssen Sie als Tester und Qualitäts-Sicherer konkret machen? Warum stellen im Kern Sie Barriere-Freiheit und BITV-Zertifizierung sicher?

Raum für Ihre Notizen

Leichte Sprache erlernen

Warum eigentlich Leichte Sprache?

Sie merken schon, dass es nun um Worte und Sprache dreht.
Jetzt geht es um den eigentlichen Inhalt von beliebigen digitalen
Lösungen. Es geht um Texte, Sprache, Worte und wie diese
formuliert sind.

Gleich vorweg sage ich Ihnen in voller Überzeugung:
„Leichte Sprache ist gar nicht so schwer."
Im Gegenteil, leichte Sprache ist leicht. Deshalb heißt sie so.
Sie ist leicht zu verstehen und leicht umzusetzen. Texte in Leichter
Sprache können alle Menschen gut verstehen. Und dennoch tun
sich leider sehr viele gerade mit Sprache und Inhalt sehr schwer.

Damit Sie es verstehen, zeige ich Ihnen hier ein paar Text-Auszüge
als Beispiel auf. Ich nutze nur Dinge, die ich frei kopieren darf. Sie
können Sie auch selber nachschauen im Internet.

Das erste Beispiel ist die Eisenbahn-Definition des Reichsgerichts
vom 17. März 1879 (RGZ 1, 247 [252]).

*Sprachlich bedeutet Eisenbahn ganz allgemein eine Bahn von Eisen
zwecks Bewegung von Gegenständen auf derselben. Verknüpft man
diesen Wortlaut mit dem Gesetzeszweck, und erwägt man, daß die
eigenartige Nützlichkeit und gleichzeitig Gefährlichkeit des metallischen
Transportgrundes, in der (durch dessen Konsistenz, sowie durch
dessen, das Hindernis der Reibung vermindernde Formation und
Glätte gegebenen) Möglichkeit besteht, große Gewichtsmassen auf
jenem Grunde fortzubewegen und eine verhältnismäßig bedeutende
Geschwindigkeit der Transportbewegung zu erzeugen, so gelangt man
im Geiste des Gesetzes zu keiner engeren Bestimmung jener*

sprachlichen Bedeutung des Wortes Eisenbahn, um den Begriff eines Eisenbahnunternehmens im Sinne des §. I des Gesetzes zu gewinnen, als derjenigen:

Ein Unternehmen, gerichtet auf wiederholte Fortbewegung von Personen oder Sachen über nicht ganz unbedeutende Raumstrecken auf metallener Grundlage, welche durch ihre Konsistenz, Konstruktion und Glätte den Transport großer Gewichtmassen, beziehungsweise die Erzielung einer verhältnismäßig bedeutenden Schnelligkeit der Transportbewegung zu ermöglichen bestimmt ist, und durch diese Eigenart in Verbindung mit den außerdem zur Erzeugung der Transportbewegung benutzten Naturkräften (Dampf, Elektrizität, tierischer oder menschlicher Muskeltätigkeit, bei geneigter Ebene der Bahn auch schon der eigenen Schwere der Transportgefäße und deren Ladung, u. s. w.) bei dem Betrieb des Unternehmens auf derselben eine verhältnismäßig gewaltige (je nach den Umständen nur in bezweckter Weise nützliche, oder auch Menschenleben vernichtende und die menschliche Gesundheit verletzende) Wirkung zu erzeugen fähig ist.

Das mag veraltet auf Sie wirken - und ist sicherlich auch. Aber unsere Sprache bei Behörden ist weitest gehend immer noch so.

Damit Sie einen direkten Bezug erhalten, hier etwas Aktuelles aus dem Barriere-Freiheits-Stärkungs-Gesetz (BFSG). Dieses ist übrigens 23 Seiten DIN A4 Seiten 2 spaltig klein beschrieben und in keiner Weise barrierefrei. Und das obschon PDFs der öffentlichen Hand ja auch barrierefrei sein sollten seit 2019.

Gesetz zur Umsetzung der Richtlinie (EU) 2019/882 des Europäischen Parlaments und des Rates über die Barrierefreiheitsanforderungen für Produkte und Dienstleistungen (Barrierefreiheitstärkungsgesetz – BFSG)

Abschnitt 2 Anforderungen an die Barrierefreiheit
Paragraph 3: Verordnungsermächtigung

Absatz 2
Das Bundesministerium für Arbeit und Soziales wird ermächtigt, im Einvernehmen mit dem Bundesministerium der Finanzen, dem Bundesministerium für Gesundheit, dem Bundesministerium für Wirtschaft und Energie und dem Bundesministerium für Verkehr und digitale Infrastruktur durch Rechtsverordnung mit Zustimmung des Bundesrates konkrete Anforderungen an die Barrierefreiheit von Produkten gemäß § 1 Absatz 2 und Dienstleistungen gemäß § 1 Absatz 3 entsprechen den Anforderungen des Anhangs 1 der Richtlinie (EU) 2019/882 des Europäischen Parlaments und des Rates vom 17. April 2019 über die Barrierefreiheitsanforderungen für Produkte und Leistungen (ABl. L 151 vom 7.06.2019, S. 70) zu regeln, insbesondere an

- *Die Gestaltung und Herstellung der Produkte einschließlich Benutzerschnittstelle*

- *Die Zugänglichkeit und Gestaltung des Angebotes und der Ausführung der Dienstleistungen,*

- *Die Art und Weise der Bereitstellung von Informationen insbesondere zur Nutzung der Produkte, wie etwa an die Kennzeichnung, die Gebrauchsanleitung, Sicherheitsinformationen und die Funktionsweise der Dienstleistungen sowie an die Barrierefreiheitsmerkmale und Barrierefreiheitsfunktionen der Produkte und Dienstleistungen sowie an die mögliche Nutzung assistiver Technologien.*

Durch Rechsverordnung nach Satz 1 können konkretisierende Bestimmungen auch insoweit erlassen werden, als Barrierefreiheitsanforderungen im Sinne des Anhangs 1 der Richtlinie (EU) 2019/882 nach Artikel 4 Absatz 9 dieser Richtlinie durch delegierte Rechtsakte der Europäischen Kommission präzisiert werden.

Abschnitt 3 Pflichten der Wirtschaftsakteure
Paragraph 6 Pflichten der Hersteller

Absatz 1
Der Hersteller darf ein Produkt nur in den Verkehr bringen, wenn das Produkt nach § 3 Absatz 2 zu erlassenden Rechtsverordnung gestaltet und hergestellt worden ist, die technische Dokumentation nach der Anlage 2 erstellt wurde, das Konformitätsbewertungsverfahrene durchgeführt wurde und die Konformität des Produktes mit den geltenden Barrierefreiheitsanforderungen im Rahmen dieses Verfahrens nachgewiesen wurde.

Absatz 5
Der Hersteller führt ein Verzeichnis derjenigen Produkte, über deren Nichtkonformität mit den geltenden Barrierefreiheitsanforderungen er die Marktüberwachungsbehörden informiert hat, und der diesbezüglichen Beschwerden. Das Verzeichnis ist schriftlich und elektronisch zu führen.

Diese Text-Auszüge aus der Verwaltungs-Sprache wirken vielleicht sogar lustig. Aber eigentlich ist es traurig, dass sie eindeutig sehr schwer verständlich sind. Beide Texte informieren über wichtige Zusammenhänge. Der Ausschnitt aus dem BFSG ist die Basis, warum es mein Buch überhaupt gibt. Dem Gesetz geht es nämlich durchaus um die Stärkung von Barrierefreiheit und um Menschenrechte. Leider versteckt sich dieses gute Ansinnen in einer kaum verständlichen Juristen-Sprache.

Diese oft über-komplizierte Sprache ist die bittere Realität im unserem gesamten Alltag. Viele Menschen verstehen bei solchen Texten nur wenig vom wichtigen Inhalt.

Vieles im öffentlichen Leben wird leider so ausgedrückt wie in diesen Beispielen. Schreiben von Ämtern und Behörden sind leider häufig so geschrieben. Vor Gericht schreibt und spricht man ähnlich kompliziert. Deshalb sind Briefe von Anwälten und Urteile von Richtern schwer verständlich. Auch die so genannte Vertrags-Sprache klingt ähnlich. Für manche Menschen ist das ein kaum verständlicher Vertrag für ein Smartphone.

Auch ein Arbeits-Vertrag für einen Jugendlichen in einem Hand-werks-Beruf klingt ähnlich. Bei Notaren muss man solche Ver-träge unterzeichnen zum Beispiel beim Vererben. Obwohl es um Familien-Sachen geht, verstehen solche Verträge viele Menschen nur teilweise. Dazu kommt, dass diese notariellen Standard-Werke oft im dreifachen Tempo vorgelesen werden. Menschen mit Sprach-Problemen oder Lern-Schwierigkeiten brauchen in solchen Situationen einen Helfer. Sie brauchen also jemanden, der ihnen den Vertrag übersetzt oder erklärt.

Leider wird Vieles oft so kompliziert ausgedrückt, dass es sogar verwirrend ist. Das kommt daher, dass der Stand-Punkt von den Schreibenden häufig lautet: „Das ist Amts-Deutsch, Juristen-Deutsch, Vertrags-Sprache, Behörden-Sprache. Das hat so zu sein. Und diese Sprache hat man zu verstehen. Oder halt nicht." Aber dennoch gibt es ein Menschen-Recht: Die Teilhabe als Menschen-Recht weltweit. Damit ist natürlich auch das Recht auf Verstehen gemeint. Dieses kommt oft zu kurz.

Menschen mit Lern-Schwierigkeiten in den USA haben sich vor Jahren zusammengetan. Sie haben gesagt: „Leider verstehen wir Vieles kaum. Aber wir haben doch ein Recht auf Teilhabe. Wir haben ein Recht auf ordentliche Verträge, ein Recht auf Ver-stehen." Zusammen mit Sprach-Wissenschaftlern haben sie eine eigene Sprache geschaffen. Diese heißt Leichte Sprache. Sie hat einen eigenen Standard mit klaren Regeln. Ein Standard ist ein Maßstab der sagt, wie etwas sein soll. Es gibt auch die einfache Sprache. Manche verwechseln oft die Leichte Sprache damit.

Die Leichte Sprache ist eine klare Standard-Sprache, die man anbieten muss. Manchmal findet man auf Web-Seiten einen Befehl für „Leichte Sprache". Die einfache Sprache klingt wie die Artikel in der Bild-Zeitung. Diese enthält leicht ausgedrückte Texte und ist für den einfachen Bürger geschrieben. In der Zeitung ist das angereichert mit kurzen Über-Schriften und Bildern.

Dann gibt es Amts-Deutsch für die öffentliche Behörden-Sprache. Und wir haben die blumige Sprache in der Literatur. Vor allem hier, im Land der Dichter und Denker. Diese ist sehr schön, aber für einige Menschen schwer zu verstehen. Weil viele Menschen diese Sprach-Formen kaum verstehen, gibt es Leichte Sprache.

Sie hilft sehr vielen Menschen und vor allem denen mit Lern-Schwierigkeiten. Aber auch Gehör-Geschädigten und ihren Helfern hilft die Leichte Sprache weiter. Zur Gebärden-Sprache für Gehörlose gibt es im Amts-Deutsch keinen Ersatz. Die Gebärden-Sprache ist ähnlich wie die Leichte Sprache. Beide sind für bestimmte Zielgruppen, nach bestimmten Regeln gemacht. Leichte Sprache ist eher eine Schreib-Sprache. Die Gebärden-Sprache dagegen ist eine Sprech-Sprache. Das hörbar Gesprochene wird über Gesten und Mimik ausgedrückt.

Leichte Sprache führt für alle zu gelingender Inklusion und besserem Verständnis. Das Ziel ist deshalb, vermehrt Leichte Sprache zu nutzen, so wie hier. Damit unterstützen wir Menschen mit Sprach- und Lern-Schwierigkeiten. Aber sie hilft auch funktionalen Analphabeten. Das sind Menschen, die nicht gut lesen und schreiben können. Sie hilft auch Menschen mit Lese- und Rechtschreib-Schwäche. Diese Menschen haben große Mühe beim Lesen und Schreiben.

Von unseren 80 Millionen Bundes-Bürgern sind 7,5 Millionen funktionale Analphabeten. Das heißt, auch diese Menschen benötigen die Leichte Sprache. Die Sprache kann also viele Menschen aus der Bevölkerung ausschließen. Wir können darum durch Leichte Sprache mehr Menschen helfen als vermutet.

Auch hilft Leichte Sprache Unternehmen und Arbeitgebern im Miteinander mit ihren Mitarbeitern. Ein Arbeits-Vertrag in Leichter Sprache hilft Menschen mit Sprach-Schwierigkeiten. Sie verstehen sonst nur einen Teil. Menschen mit Migrations-Hintergrund sollten alles verstehen und selbst zurechtkommen. Leichte Sprache hilft vielen Menschen im Alltag, auch Senioren und Demenz-Kranken. Durch Leichte Sprache können sie alle Schrift-Stücke selbst verstehen. Das können sie dann ganz allein. Betreuer oder betreuende Familien-Mitglieder erhalten durch diese Entlastung eine echte Hilfe.

Leichte Sprache hat auch Vorteile für Menschen mit Hirn-Schädigungen. Auch diese Menschen kommen mit Leichter Sprache besser zurecht im Alltag. Familien von Menschen mit Hör- oder Hirn-Schädigungen können so leichter betreuen.

Kinder und Jugendliche verstehen Leichte Sprache besser. Diese ist also auch für sie gut. Es gibt Kinderbücher, die in einer ähnlichen Sprache geschrieben und aufgebaut sind. Leider sind sogar Kinder-Rechte in Juristen-Deutsch geschrieben. Dadurch muss jemand Kindern ihre eigenen Rechte zunächst erklären.

Lernende haben Vorteile. Sie erlernen durch Leichte Sprache die Lern-Inhalte schneller und leichter. Sogar die Menge von erlernten Inhalten ist dadurch höher. Man hat besseren Lern-Erfolg, da man sich Dinge leichter merken kann. Je einfacher der Text geschrieben ist, desto schneller kann man Texte lesen.

Beim Erlernen von der Deutschen Sprache gibt es übrigens 3 Kategorien. Es gibt die Leichte Sprache, das entspricht in etwa A 1.

Es gibt die einfache Sprache, das ist in etwa A 2. Und die Bürger-nahe Sprache – also wie in Zeitungen, das ist B 1. Die Stufe B 2 ist schon schwieriger. Studenten müssen zum Beispiel auf diesem Niveau sein. Es wäre also generell besser, die einfachen Sprach-Stufen für alle zu nutzen. Komplexe Sprache ist immer eher schwierig und teilweise sogar erfolgs-verhindernd. Am besten für alle Menschen ist die Leichte Sprache. Damit gewinnen wir alle und das in jeder Lebenslage. Es lohnt sich daher, Leichte Sprache zu lernen und anzuwenden.

Jetzt stellt sich die Frage, wie man Leichte Sprache einführt und erlernt. Zum Anfang ist es wichtig, sich zu merken: einfache Sprache ist gut, aber Leichte Sprache ist besser. Man könnte nun noch lange über Zielgruppen sprechen. Aber eigentlich gewinnt jeder Mensch durch Leichte Sprache. Ein Bestandteil von Barriere-Freiheit nach BITV ist, Text-Inhalte leicht zugängig anzu-bieten. Alles muss leicht zugänglich sein - visuell, auditiv, haptisch und auch sprachlich. Lassen Sie uns doch einfach Leichte Sprache zu unserer normalen Sprache machen. Wie ich schon am Anfang sagte: Leichte Sprache ist gar nicht so schwer!

Einladung zum Nachdenken und Umsetzen

Was sind die Vorteile von Leichter Sprache konkret für Sie und Ihre Leser? Gibt es im eigenen Umfeld Menschen, für die Leichte Sprache hilfreich wäre? Haben Sie nun selbst Lust, Leichte Sprache zu erlernen und zu benutzen?

Raum für Ihre Notizen:

Leichte Sprache lernen – jetzt und hier

Sie haben gelernt, warum Leichte Sprache wichtig ist und wem sie hilft. Ich konnte Sie hoffentlich davon überzeugen. Es ist ziemlich leicht möglich, diese Leichte Sprache selbst zu lernen. Sie folgt nämlich Regeln wie jede andere Sprache auch. Aber man kann sie leichter lernen als eine Fremd-Sprache. Man kann sie leichter lernen als zum Beispiel Englisch. Schließlich beherrschen Sie selbst komplexes Deutsch ja schon sehr gut. Das müssen Sie im Grunde nur noch vereinfachen.
Schon können Sie ganz leicht Leichte Sprache!

Wir besprechen hier 3 Haupt-Felder, für das Lernen von Leichter Sprache. Zuerst lernen Sie Grundlagen zu Wortwahl und Formulierung. Dann widmen wir uns dem Satz-Aufbau und der Ordnung von langen Texten. Danach werfen wir einen Blick auf Gestaltung und Darstellung als Ganzes.

Regeln zu Wortwahl und Formulierungen

Lange Worte und Wort-Kombinationen sind schwierig zu lesen und zu verstehen. Lange Worte mit mehr als 13 Buchstaben trennen Sie daher mit Binde-Strichen in Einheiten. Dabei sollen Wort-Gruppen logisch und die Sprache erhalten bleiben. Falsch ist: „Arbeitslosengeldformular". Richtig wäre: „Arbeitslosen-Geld-Formular". In einen Satz eingebunden wäre das: „Drucken Sie das Arbeitslosen-Geld-Formular aus."

Das sieht am Anfang vielleicht ein bisschen komisch aus. Aber man gewöhnt sich daran. Besser als diese Trennungen ist die Formulierung in einzelnen Worten. Grundlegend sollten Sie möglichst kurze Worte bevorzugen, statt Worte zu gruppieren. Zum Beispiel heißt das: „Drucken Sie das Formular für das Geld für Arbeitslose aus."

Benutzen Sie idealerweise allgemein bekannte Worte. Vermeiden Sie Fach-Ausdrücke. Benutzen Sie einfache Worte, wenn es möglich ist. Nutzen Sie also am besten Worte, die jeder Mensch gut verstehen kann.

Ein Wort wie zum Beispiel „Formatierung" ist eher schwierig. Vermeiden Sie diese oder andere schwierige Wörter, wenn es Ihnen möglich ist. Fehlt eine einfache Alternative dazu, erklären Sie das Wort bitte. Das können Sie mit einem Nach-Satz tun. Das gleiche gilt auch für Fach-Begriffe. Diese muss man manchmal verwenden, damit der Text richtig ist. Im fachlichen Zusammenhang benennen Sie dabei das Fach-Wort zuerst. Danach erklären Sie den Fach-Begriff in einem Satz.

Stellen Sie sich vor, Sie erklären die komplexen Zusammenhänge einem 10-jährigen Kind. Dann würden Sie auch schwierige Wörter vermeiden und in klarer Sprache sprechen. Zum Begriff „Betriebsinterne Urlaubszeitregelungstabelle" würden Sie vielleicht sagen: „Alle Kollegen in unserer Firma wollen in Urlaub fahren. Um zeitliche Probleme zu vermeiden, müssen wir die Zeiten dafür gemeinsam planen. Dafür gibt es eine Tabelle." Das ist zwar länger, aber leichter, verständlicher und einprägsamer.

So machen Sie auch ein oft gefordertes Glossar teilweise überflüssig. Ein Glossar ist eine Erklärung für Fachbegriffe am Ende von langen Schrift-Stücken. Es ist viel sinnvoller, wenn Sie alle Fach-Begriffe gleich im Zusammenhang erklären.

Idealerweise setzen Sie aktive Verben ein. Dadurch ist es auch eine aktivierende Sprache. Vermeiden Sie es, Verben bzw. Tätigkeits-Worte in Hauptworte umzuwandeln. Gerade in der deutschen Sprache enden viele Worte mit „-ung" und „-keit". Lassen Sie dieses „Ge-Ung-e" sein. Das klingt vielleicht insgesamt besser, ist für die Leser aber schwerer verständlich.

Wenn Sie Zahlen nennen, verwenden Sie die tatsächlichen Ziffern statt Worte. Der Duden sagt, dass man die Ziffern von 1 – 12 als Wort schreibt. Bei der Leichten Sprache ist das anders, damit sie eindeutiger und verständlicher ist. Bei Daten und Uhrzeiten ist es gut, einen allgemeinen Standard einzuhalten. Bei einer Ausdrucks-Form behalten Sie diese bitte im gesamten Text bei. In der IT ist der Standard am besten, den man im eigenen Land benutzt. So schreiben wir in Deutschland z. B. 16:00 Uhr. In Amerika heißt das 4:00 p. m. Diesen Standard kann man dann später auch leichter übersetzen. Das geht bei Leichter Sprache allgemein besser als bei normaler Sprache.

Vermeiden Sie Symbole oder Sonderzeichen. Das sind zum Beispiel das §-Zeichen oder %-Zeichen. Schreiben Sie dafür die Worte aus - wie eben Paragraph oder Prozent. Schreiben Sie die Worte, wie Sie sie aussprechen. Anfangs sieht das ungewohnt aus, aber Sie gewöhnen sich daran. Bei Zahlen verwenden Sie wiederum die korrekten Ziffern anders als gesprochen. Richtig wäre also: Paragraph 2 Artikel 10 Absatz 12

Leichte Sprache ist im Grunde eine Sprech-Sprache. Die Dinge schreibt man so, wie man sie ausspricht. Wenn Sie also Abkürzungen einsetzen, nutzen Sie nur bekannte Abkürzungen. Wie „z. B." für zum Beispiel. Oder „LKW" für Lastkraft-wagen. Schreiben Sie „inklusive" aus, statt es „inkl." abzukürzen. Vermeiden Sie bitte unbedingt schwierige oder unbekannte Abkürzungen.

Nun kommt ein etwas heikles Thema: die gender-gerechte Sprache. Mittlerweile haben wir die Vorgabe, Personen in männlich und weiblich zu benennen. In der Leichten Sprache benutzen wir zur Vereinfachung nur die männliche Form. Natürlich sind damit diskriminierungs-frei Männer, Frauen und Diverse gemeint. Für die Einfachheit verzichten wir hier auf das „Innen" oder

„Gender-Sternchen". Gender-Unterscheidung ist prinzipiell richtig, aber es schreibt sich schwer.

Das gilt besonders für Menschen mit Lern-Behinderung oder Lese-Schwächen. Daher ist im Text die männliche Form vollkommen in Ordnung und Vorgabe. Man sollte aber für die Gleich-Stellung am Anfang vom Text sagen: „Der Einfachheit halber benutzen wir hier die allgemeine männliche Form. Natürlich meinen wir damit Männer, Frauen und Diverse in gleichem Maße."

Regeln zu Aufbau und Struktur
Zum Thema Aufbau und Satzbau stelle ich Ihnen nun weitere Regeln vor. Strukturieren Sie Ihre Texte mit Absätzen. Damit werden Sie viel übersichtlicher. Bereits nach wenigen Sätzen kann ein neuer Absatz sinnvoll sein. Bei vielen Absätzen im Text, setzen Sie bei neuen Unterthemen eine Überschrift.

Teilen Sie Ihren Text in kurze einfache und verständliche Sätze ein. Bevorzugen Sie einen einfachen Satzbau: ganz klassisch Subjekt, Prädikat, Objekt. Also: wer tut was, wie, wann und warum. Nach dem Regelwerk sollte jeder Satz nur aus maximal 12 Wörtern bestehen.

Jeder einzelne Satz sollte nur eine inhaltliche Aussage enthalten. Beginnen Sie deshalb jeden Satz mit einem neuen Inhalt. Vermeiden Sie Trennzeichen wie Semikolon, Kommata oder Gedanken-Strich. Machen Sie einfach mal öfter einen Punkt. Das erfreut auch Ihre Leser.

Arbeiten Sie optimaler Weise mit illustrierenden Beispielen. Es ist viel leichter, insbesondere komplizierte Dinge, über Beispiele zu verstehen. Außerdem überzeugen Sie mit Beispielen, weil Aussagen dadurch nachvollziehbarer sind.

Benutzen Sie aktive Worte und schaffen Sie so eine aktivierende Sprache. Vermeiden Sie Passiv oder Konjunktiv mit Worten wie „hätte, könnte, wollte".

Vermeiden Sie den Genitiv als Ausdrucksform von einer Zuordnung. Auch wenn wir ihn gerne nutzen, ist es dennoch falsch. „Des Müllers Tochter" heißt deshalb in der Leichten Sprache „Die Tochter vom Müller". Wenn Sie Leichte Sprache neu erlernen, passieren dabei häufig Fehler. Achten Sie hier also bitte sehr bewusst auf die richtige Schreibweise.

Wenn ein Wort oder Ausdruck wirklich wichtig ist, wiederholen Sie es. Ich sage ja zum Beispiel auch immer wieder Leichte Sprache oder einfach. Und benutzen Sie bitte immer das gleiche Wort für den gleichen Inhalt. Das reduziert zwar die sprachliche Vielfalt, ist aber eindeutiger und verständlicher. Ich erzähle hier von der „Leichten Sprache" und bleibe bei „Leichte Sprache". „Einfache Sprache" ist schlicht und ergreifend etwas Anderes. In der Leichten Sprache geht es immer um Klarheit und Verständlichkeit. Der Nutzen für Ihre Leser muss daher ganz klar im Mittelpunkt stehen.

Werden Sie in der Ansprache persönlich. Damit fühlen sich die Nutzer angesprochen. Benutzen Sie bitte dabei immer die respektvolle Anrede „Sie". Leider duzt man Menschen mit Behinderung oft einfach respektlos. Menschen mit Behinderung verdienen den gleichen Respekt wie alle anderen Menschen. Im Englischen ist es einfacher. Man benutzt generell „you", was für „Du" sowie „Sie" steht. Für spätere Übersetzungen sollten Sie das „Sie" bitte korrekt groß-geschrieben beginnen.

Bemühen Sie sich bitte um eine positive Sprache. Für das Wort „Nein" oder Verneinungen gibt es keine Bilder im Kopf. Deshalb werden Verneinungen auch eher schlecht verstanden. Vermeiden

Sie daher weitestgehend alles mit „nichts, kein, ohne". Zudem sind Negativ-Ausdrücke falsch nach dem Regel-Werk der Leichten Sprache. Bleiben Sie positiv und drücken Sie sich mit positiven Worten aus. Diese aktivieren Ihre Leser außerdem und stimmen diese ebenfalls positiv.

Anordnung und Gestaltung

Sie haben jetzt Wortwahl und Formulierungen von den Inhalten kennengelernt. Nun können Sie Ihren Text über Schrift, Struktur, Seiten-Aufbau, Optik gestalten. Das gilt für alles von Drucksachen bis Internet-Seiten. Das gilt auch für Texte in Apps.

Die Schrift-Art in Ihrem Text sollte klar und gut lesbar sein. Die Schrift sollte serifenlos sein. Schnörkel und Füßchen sind lediglich Verzierung. Hier sind einige Beispiele für gut lesbare Schriften.

Das sind: Arial, Gill Sans, Helvetica, Verdana, Trebuchet, Calibri, Roboto, Open Sans.

Bei Texten in Leichter Sprache verwenden Sie bitte eine große Schrift. Für Drucksachen wie Bücher empfiehlt man 14 Punkt oder sogar größer. Bei Internet-Seiten nutzen Sie mindestens 16 Pixel für eine gute Lesbarkeit. Bei optisch klein wirkenden Schriften wählen Sie eine höhere Schriftgröße.

In der Leichten Sprache richten Sie die Texte immer links-bündig aus. Titelzeilen heben Sie hervor durch größere, fette oder zentrierte Schrift. Setzen Sie Ihren Text in einen 1,5 Zeilen-Abstand. Dann ist er gut leserlich für alle.

Der beste Kontrast zur Lesbarkeit von Schrift ist Schwarz auf weißem Hintergrund. Sie können natürlich auch große Schrift auf Farbflächen setzen z. B. in Weiß auf Blau. Achten Sie aber immer auf einen ausreichenden Kontrast zwischen Schrift und Hintergrund. Fotos oder Illustrationen im Hintergrund stören allerdings sehr bei der Lesbarkeit. Bitte vermeiden Sie das.

Möchten Sie etwas betonen, können Sie Dinge mit einer fetten Schrift hervorheben. Das hilft auch bei der Blickführung über den Text. Machen Sie das nur bei wenigen wichtigen Inhalten.

Das wichtigste Ziel bei der Text-Gestaltung ist ein schön klarer Aufbau. Vermeiden Sie komplizierte, ausgefallene Darstellungen, die modischen Richtungen folgen. Die Darstellung sollte besser den Text-Inhalt klar vermitteln und diesen unterstützen. Optische Ablenkung sollten Sie vermeiden. Nutzen Sie den Raum gut aus – auch harmonisch zu Hoch- oder Querformat. Das gilt gleichermaßen für den Raum auf Papier oder Internet-Seiten.

Auch wenn es schöner aussieht, ist bei Leichter Sprache wenig Dekoration gewünscht. Ordnen Sie Ihre Texte und die ergänzenden Bilder klar und übersichtlich an. Bei einem Hochformat nutzen Sie 1 Spalte für den Text. Das gilt zum Beispiel für Drucksachen oder auch auf dem Mobil-Telefon. Für den klassischen Computer-Monitor im Querformat nutzen Sie besser 2 Spalten.

Erklärende Bilder neben den Textinhalt helfen dabei, diesen besser zu verstehen. Bilder unterstützen ebenfalls, sich Dinge besser einzuprägen und sich daran zu erinnern. Alles mit Bildern merken wir uns besser. Das gilt für jeden Menschen gleichermaßen.

Einladung zum Nachdenken und Umsetzen

Ich hoffe, Sie haben die Grundregeln der Leichten Sprache gut verstanden. Gerade bei Leichter Sprache gilt besonders: Übung macht den Meister. Schreiben Sie mal eine Anleitung zum Kaffeekochen für ein Wohnheim. Oder schreiben Sie doch mal einen komplizierten Text um in Leichte Sprache. Aufgaben gibt es genug. Die Welt ist leider viel zu voll mit schwierigen Texten. Bitte gehen Sie es an.

Raum für Ihre Notizen

_____

_____

_____

_____

_____

_____

_____

_____

_____

_____

Die 98 BITV-Kriterien verstehen

Barrierefreie Informations-Technik-Verordnung

Jetzt kommt ein ziemlich dicker Brocken, nämlich die fast 100 Regeln von der BITV 2.0. BITV ist die Abkürzung für „Barriere-freie Informations-Technik-Verordnung". Sie ist die formale und technische Grundlage von digitaler Barriere-Freiheit. Alle detaillierten Regeln sind zusammengeschrieben in dieser Verordnung. Die BITV ist eine rechtlich bindende Vorgabe und gilt genauso wie ein Gesetz. Darin ist beschrieben, wie digitale Lösungen genau sein müssen, damit sie barrierefrei sind. Übergeordnet gelten 4 große Prinzipien und internationale Neuerungen. Diesen Prinzipien zugeordnet gibt es dann unterschiedliche Detail-Regeln.

Jede Regel von der BITV werde ich später einzeln mit Ihnen durchgehen. Das ist das wesentliche Wissen und die Theorie. Die praktische Umsetzung von diesem Wissen ist aber das Wichtigste. Die BITV heißt ja bekanntlich „Barrierefreie Informations-Technik-Verordnung". Sie ist unser Gesetz für digitale Lösungen. Wir als IT-Schaffende müssen uns daranhalten. Punkt.

Die 4 großen BITV-Prinzipien sind eigentlich Prinzipien für gute Software-Lösungen. Diese gehören auch zu Design, Software-Ergonomie und Gebrauchs-Tauglichkeit. Sie sind im Grunde die wesentlichen Prinzipien von einem digitalen Produkt.

Man kann es durch die detail-reichen Regeln von der BITV nachvollziehen. Dann kann man sagen: „Aha, das ist es also. So wird das Prinzip umgesetzt.". Um ein barrierefreies Produkt zu bieten, halten Sie sich an diese Regeln. Jede einzelne Regel ist wichtig.

Sie müssen alle 98 Regeln erfüllen zu 100 Prozent. Bis 2020 gab es noch weichere Vorgaben. Ab 90 Prozent war eine Webseite barrierefrei. Das ist heute anders geworden. Mit der 100-Prozent-Regel wird es schwerer.

Das hat der Gesetzgeber nochmal nachgeschärft. Nun muss man 100 Prozent erfüllen. Alles muss regelkonform barrierefrei umgesetzt sein in der gesamten IT-Lösung. Egal ob Webseite, Software oder App – überall gilt 100 Prozent als Vorgabe. Nur dann bekommt man eine Chance auf ein Zertifikat. Nur damit gilt eine Webseite als barrierefrei im Sinne der BITV zertifiziert. Ansonsten ist es nur barrierearm oder halt barrierefrei ohne Zertifikat.

Das ist sicherlich gut und oft hinreichend. Den Unterschied muss man kennen. Es ist schwer, die BITV-Regeln einzuhalten. Manchmal stößt man an seine Grenze. Diese 100-Prozent-Regel ist daher sehr hart, vielleicht auch unrealistisch. Dennoch sind es Regeln, die jeder einhalten muss.

Vom moralischen Aspekt und der Motivation ist für mich Übereinstimmung mit der BITV wichtig. Hohe Gebrauchs-Tauglichkeit für alle Menschen zu bieten, ist mein übergeordnetes Ziel. Da ich selbst Usability Engineer bin, nenne ich es: „Usability for all." Dieses Ziel verfolge ich und empfehle es als erstrebenswertes Ergebnis. Als Erstes möchte ich Ihnen die Prinzipien von Barriere-Freiheit nahelegen und erklären.

Das oberste Prinzip von Barriere-Freiheit ist die Wahrnehmbarkeit. Alle Menschen sollen alles wahrnehmen können innerhalb der Applikation. Dabei ist egal, von welcher Einschränkung die Person betroffen ist. Sie soll alle Informationen wahrnehmen können, die diese Applikation bietet. Zum Prinzip der Wahrnehmbarkeit gibt es genaue BITV-Regeln, die man einhalten muss.

Das zweite Prinzip von Barriere-Freiheit ist die Bedienbarkeit. Wieder ist egal, welche Einschränkung und Behinderung vorliegt. Alle Menschen sollen die Applikation insgesamt bedienen können: Alle Seiten, alle Einzel-Ansichten, jeden Teilbereich, jede einzelne Komponente.

Das dritte Prinzip von Barriere-Freiheit ist Verständlichkeit. Das Prinzip Verständlichkeit sagt es ja eigentlich schon deutlich genug. Alle Menschen sollen alles verstehen können. Egal ist, auf welcher Ebene man sich innerhalb einer Applikation befindet. Es gilt von der obersten Seite bis zur tiefsten Inhalts-Ebene. Alle müssen alles verstehen können. Auch hier sind alle Regeln zu erfüllen. Ein Sonderpunkt im Bereich der Verständlichkeit ist übrigens die Leichte Sprache. Man hat die Leichte Sprache zur BITV 2.0 noch als Zusatz ergänzt.

Damit alle Menschen alles verstehen, sollten wir die Leichte Sprache anbieten. Das kann als Zusatz passieren. Besser ist es, alle Inhalte zu übersetzen. Alle Ebenen von einem Text in Leichter Sprache anzubieten, ist viel Arbeit. Aber nur so kann ich gewährleisten, dass alle Menschen alles verstehen können.

Das Prinzip Robustheit von Barriere-Freiheit bezieht sich eher auf technische Qualität. Die Entwicklung von einem technischen Produkt beeinflusst seine Qualität. Das Prinzip meint, dass alle Menschen das Produkt problemlos nutzen können. Dazu gehören eigentlich nur 3 kleine Regeln. Aber die haben es in sich. Damit man etwas problemlos nutzen kann, muss es nämlich robust gebaut sein. Es geht eher um die technischen Komponenten und um diese Grundfestigkeit. Eine App oder eine Webseite, die häufig abstürzt, ist dann weniger robust. Robustheit kann ich durch entsprechende Programmier-Qualität sicherstellen.

BITV-Prinzip Wahrnehmbarkeit

Text-Alternativen

1.1.1 a Alt-Texte bei Bedien-Elementen
Grafische Bedien-Elemente wie Schaltflächen und Links brauchen
ergänzende Alternativ-Texte. Diese werden Blinden vorgelesen,
wenn sie mit ihrem Fokus auf dem Bedien-Element sind. Bei
einem Link soll das Ziel angegeben werden. Bei Schaltflächen ist
es die auszuführende Aktion.

1.1.1 b Alt-Texte bei Grafiken
Grafiken und Fotos, aber auch Videos, müssen mit Alternativ-
Texten versehen werden. Besonders bei wichtigen visuellen
Information sind diese Texte für Blinde unerlässlich. Auch diese
Texte werden nämlich vorgelesen.

1.1.1 c Leere Alt-Texte für Layout-Elemente
Elemente, die zur Strukturierung von Benutzer-Oberflächen da
sind, stehen für sich. Diese sollen explizit frei von Alternativ-
Texten umgesetzt werden, da sie stören würden. Technisch wird
bei Internet-Seiten dazu im Quellcode ein leeres alt-Attribut ver-
wendet.

1.1.1 d Alt-Texte bei Captchas zur Identifizierung
Für die Umsetzung von Anmeldungen über Bilder sind Alternativ-
Texte zwingend notwendig. Sonst fehlt für den blinden Menschen
jede Möglichkeit zur Teilhabe an der Applikation. Es muss eine
textuelle Alternative angeboten werden, die frei von Bildern ist.

Zeitbasierte Medien wie Video und Audio

1.2.1 Alternativ-Texte für Audio- und stumme Video-Dateien
Bilder in Videos oder und die visuellen Aspekte von Videos
benötigen hörbare Alternativ-Texte. Diese Alternativ-Texte

beschreiben blinden Menschen, was in dem Video zu sehen
wäre. Das Gleiche gilt bei gehörlosen Menschen für eine reine
Audio-Datei. Auch gehörlose Menschen brauchen diese textuell
beschreibende Alternative.

1.2.2 Untertitel bei aufgezeichneten Videos
Für gehörlose Menschen sind Untertitel unerlässlich. Sonst
fehlen wichtige Informationen zur Teilhabe. Untertitel werden
klassischerweise unten in dem Video eingeblendet.

1.2.3 Audio-Diskription oder Volltext-Alternative
Mit diesen Volltext-Alternativen sind komplette Trans-Skriptionen
vom Hörbaren gemeint. Für Gehörlose ist die Textfassung von
einer Audio-Datei besonders wichtig und hilfreich.
So erhalten sie einen Informations-Gewinn aus Podcasts,
Interview oder Nachrichten.

1.2.4 Live-Untertitel in Videos
Diese Art von Untertiteln in Videos sind für Videos von Live-
Veranstaltungen gedacht. Das sind z. B. Presse-Konferenz, Sport-
Übertragung, Fach-Tagung oder Online-Seminar. Bei diesen Video-
Übertragungen wird das gesprochen Wort als Untertitel ein-
geblendet.

1.2.5 Audio-Diskription - auch beschreibend für Visuelles
Zu einer vollständigen Audio-Diskription von einem Video als
Text-Alternative gehört alles. Daher muss auch die optische
Information beschrieben werden in der Text-Alternative. Im
Grunde wird aus dem filmischen Werk so ein vollständiges
textuelles Gegenstück. So wie früher Bücher verfilmt wurden,
werden nun aus Filmen Bücher.

Anpassbar

1.3.1 Informations-Beziehungen (Gruppen und Abstände)

Dieses Kriterium wurde in der neuen BITV abgeschafft. Es ist aber trotzdem wichtig. Es geht um die gute Gestaltung einer digitalen Lösung in visuell eindeutigen Gruppen. Nach den Gestalt-Prinzipien gehört optisch das zusammen, was zusammengehört. Das ist förderlich für Verständnis, Informations-Gewinn und allgemeine Ästhetik.

1.3.1 a Klare Überschrift nach technischer Hierarchie

Jede digitale Applikation braucht zur Strukturierung klare Überschriften als Gliederung. Diese Überschriften sollen optisch erkennbar sein z. B. über entsprechende Schrift-Größen. Insbesondere sollen sie nach technischer Hierarchie im Code umgesetzt sein. Bei Webseiten sind das Elemente wie z. B. H1, H2, H3 für Überschriften. Bei anderen Programmier-Sprachen ist das Prinzip gleich, nur die Elemente heißen anders.

1.3.1 b Listen sichtbar und technisch korrekt umgesetzt

Auch Auflistungen müssen klar als solche optisch erkennbar sein z. B. durch Listenpunkte. Besonders müssen Listen technisch korrekt umgesetzt sein durch so genannte „List-Tags".

1.3.1 c Zitate sichtbar und als Quote umgesetzt

Optisch werden Zitate über „Gänse-Füßchen" gekennzeichnet – mitsamt dem Zitat-Geber. Im Code von Internet-Seiten muss das über den so genannten „Quote-Tag" umgesetzt werden.

1.3.1 d Text-Gliederung auch in der Programmierung

Die Texte von einer Applikation müssen optisch und technisch korrekt umgesetzt sein. Dazu gehören entsprechende Strukturen innerhalb von dem Dokument bei der Umsetzung. Auf Webseiten muss man entsprechende HTML-Elemente einsetzen wie H1, H2, UL oder P. Gerade das Paragraph-Element ist bei Webseiten für den Vorlesemodus besonders wichtig. Der P-Tag ist nötig zum Vorlesen vom Text für Blinde beim Bedienen mit Pfeil-Tasten. Gliedernde Strukturen sind auch in PDF-Dokumenten nötig, damit diese barrierefrei sind.

1.3.1 e Daten-Tabellen korrekt umgesetzt

Daten-Tabellen müssen visuell und technisch korrekt umgesetzt werden. Eine Tabelle soll für den Nutzer optisch als solche erkennbar sein. Besonders wichtig ist aber die Umsetzung mit den entsprechenden HTML-Tags.

1.3.1 f Tabellen-Zellen korrekt umgesetzt

Das Gleiche wie bei den Tabellen gilt auch für die Zellen von einer Tabelle. Auch hier müssen die HTML-Tags entsprechend gesetzt sein. Dann ist der Inhalt für alle Menschen lesbar.

1.3.1 g Layout-Markup frei von Tabellenstruktur

Der Aufbau von einer Internet-Seite ist frei von Tabellen-Strukturen umzusetzen. Früher hat man das mal gemacht. Aber heute nutzt man dafür die so genannten „DIV-Tags". Besonders bei barrierefreien Webseiten ist modernes standard-konformes HTML wichtig.

1.3.1 h Beschriftung von Formular-Elementen - als Label

Formular-Elemente wie Textfelder müssen gesondert aussage-kräftig beschriftet werden. Hier muss die Beschriftung unbedingt über oder neben dem Formular-Element stehen. Das richtige HTML-Element für die Beschriftung ist das so genannte Label. Vermeiden Sie bitte eine direkte Beschriftung innerhalb der Text-Eingabe-Felder.

1.3.2 Aussagekräftige logische Reihenfolge – auch technisch

Eine für die Nutzer nachvollziehbare logische Reihenfolge der Einzel-Elemente ist wichtig. Im Vorlese-Modus muss die

Lese-Reihenfolge sinnvoll sein. Für sehende Menschen ist eine optisch sinnvolle Reihenfolge für das Verständnis notwendig. Für blinde Menschen gilt dasselbe beim Zuhören.

1.3.3 Mehrere sensorische Merkmale

Das Design sollte mit mehreren Sinnen erfassbar sein: Sehen, Lesen und Hören. Das heißt, alle Inhalte müssen frei vom Design nutzbar sein und für sich stehen.

1.3.4 Darstellung bei anderer Ausrichtung und Bildschirm-Größe

Eine flexible Darstellung ist für mehr nützlich als für die barrierefreie Nutzung. Nur so kann jeder Nutzer die IT-Lösung sinnvoll nutzen. Er kann das auf allen Geräten in allen Größen. Eine Webseite, App oder Software muss in Hochformat und Querformat funktionieren. Diese Möglichkeiten muss man durchweg gestalten und programmieren.

1.3.5 Eingabefelder zu Nutzer-Daten vermitteln den Zweck

Bei den Eingaben muss der Nutzer den Zweck von der Eingabe erkennen. Er muss wissen, wozu er seine Daten preisgibt. Diese Information soll transparent, aussagefähig und eindeutig übermittelt werden.

Unterscheidbar

1.4.1 Farben frei von Leitfunktion und nur als Dekoration

Die Nutzerführung im digitalen System soll unabhängig von Farb-Informationen geschehen. Das ist für Menschen mit Farb-Seh-Störungen besonders wichtig. Dabei gibt es Rot-Grün-Blindheit und Blau-Grün-Blindheit als Augenkrankheit. Solche Menschen sehen die Welt eher in Grau-Tönen. Farben sind durchaus erlaubt und gewünscht, aber in dekorativer Funktion. In digitalen Lösungen ist es wichtig, zusätzliche Informationen zu den Farben zu ergänzen. Das kann man mit einem Icon oder Text machen.

1.4.2 Audio-Kontrolle ermöglichen (an/aus/Lautstärke)
Nutzer müssen die Audio-Ausgabe bei Video- und Audio-Dateien
steuern können. Zur Kontrolle braucht der Nutzer An/Aus-
Knöpfe, Lautstärke-Regler und Vorspul-Option. Diese Kontroll-
Elemente müssen barrierefrei nutzbar sein und auch per Tastatur
steuerbar.

1.4.3 Kontrast-Stärke zwischen Vordergrund und Hintergrund
Kleine Elemente wie Texte und kleine Grafiken müssen gut
erkennbar sein. Dafür brauchen diese ein Kontrast-Verhältnis
von 1 zu 4,5 Vordergrund zu Hintergrund. Ist das Verhältnis zu
schwach, muss Farbwert oder Gestaltung angepasst werden.

1.4.4 Veränderbare Textgröße bis zu 200 % - ideal sichtbar
Die Schriftgröße der Applikation muss durch den Nutzer ver-
größert werden können. Das gilt besonders bei kleinen Schriften.
Eine Vergrößerung auf 200 % muss gesichert sein. Die Schriften
sollten dafür flexibel einprogrammiert sein – wenn möglich ohne
Pixelwerte. Auf Webseiten können Nutzer die Vergrößerung von
der Schrift mit dem Maus-Rad machen. Besser ist aber ein klares
Element zur Schrift-Vergrößerung auf der Nutzer-Oberfläche.

1.4.5 Verzicht auf Schrift-Grafiken, Schrift als purer Text
Vermeiden Sie den Einsatz von Schrift-Grafiken aller Art. Das sind
Grafiken, wo Schrift und Text-Informationen enthalten sind. Wenn
möglich, setzen Sie textuelle Informationen ausschließlich als Text
ein. Ansonsten bieten Sie die Information als Alternativ-Text an.

1.4.10 Umbrüche bei Veränderung von der Ansicht
Für Ansichten in verschiedenen Größen ist der saubere Text-
Umbruch wichtig. Ein guter Textfluss ist sehr wichtig. Er muss für
alle Nutzer für alle Texte voll lesbar sein. Das gilt für alle digitalen
Medien und die Darstellung.

1.4.11 Nicht-Text-Kontraste

Elemente wie Grafiken, Fotos und große Texte brauchen ein Kontrast-Verhältnis von 1 zu 3. Nur dann sind sie von Menschen mit Kontrast-Sehschwächen gut erkennbar. Das gewährleisten Sie durch veränderte Farb-Mischung oder einen Kontrast-Umschalter.

1.4.12 Veränderbare Schrift-Abstände

Für eine gute Text-Lesbarkeit braucht man einen guten Zeilen-Abstand. Ideal ist der 1,5 Zeilen-Abstand. Falls der nicht da ist, muss man ihn einstellen können. Der Zeilen-Abstand muss mitwachsen, wenn z. B. über die Browser-Einstellung die Schrift vergrößert wird. Generell müssen Abstände in der Schrift von den Nutzern selbst angepasst werden können. Die Inhalte müssen dabei vollumfänglich lesbar und nutzbar bleiben.

1.4.13 Eingeblendete Inhalte bedienbar

Optisch versteckte und dann automatisch eingeblendete Elemente müssen bedienbar sein. Das geschieht z. B. durch aktives Öffnen per Maus-Klick oder Tastatur-Bedienung. Sie müssen sich auch aktiv schließen lassen z. B. durch Drücken der sogenannten Escape-Taste.

BITV-Prinzip Bedienbarkeit

Per Tastatur zugänglich

2.1.1 Tastatur-Bedienbarkeit sichergestellt

Für blinde Menschen ist eine Steuerung über die Tastatur notwendig. Sie steuern digitale Lösungen mit Tab-Taste, Pfeil-Tasten und Eingabe-Tasten. Die IT-Lösung für diese Tastatur-Steuerung muss entsprechend gestaltet und programmiert sein. Ob das funktioniert, kann man über eigenständige Tastatur-Bedienung testen. Auch für den Büro-Alltag steigert das so genannte Blind-Tippen die Effizienz.

2.1.2 Schutz vor möglichen Tastaturfallen

Bei Tastatur-Steuerung ist die volle Steuerbarkeit bis in jede Funktion hinein wichtig. Achten Sie daher darauf, dass der Nutzer keinesfalls in eine Falle oder ein totes Ende läuft. Jede Bedien-Schleife muss bis zum Ende durchweg nutzbar sein. Das gilt auch bei Bedienung über die Tastatur.

2.1.3 Tastatur-Kurzbefehle abschaltbar oder anpassbar

Arbeiten IT-Lösungen mit besonderen Tastatur-Kürzeln, sollen sie anpassbar oder abschaltbar sein. Solche Kürzel sind bei Internet-Seiten eher selten. Es kann aber bei professionellen Programmen für PCs häufiger vorkommen.

Ausreichend Zeit

2.2.1 Zeitbegrenzungen aufhebbar oder anpassbar

Bei Webseiten oder Software ist bei manchen Aktionen eine Zeit-Begrenzung eingebaut. Das kommt häufig z. B. bei Bank-Anwendungen oder Flug-Buchungen vor. Für Menschen mit Behinderungen ist das zu schnell. Sie fliegen raus, bevor sie fertig sind. Daher muss man diese Zeit-Begrenzungen aufheben oder sie anpassen können.

2.2.2 Animationen vermeiden oder ausschalten

Animationen machen Applikationen attraktiv. Sie stören aber teilweise bei der Bedienung. Besonders für Menschen mit Behinderungen kann eine Animation erschwerend sein. Versuchen Sie, Animationen zu vermeiden oder gestalten Sie sie abschaltbar.

Anfälle

2.3.1 Verzicht auf Flackern und Blinken

Für Menschen mit Anfalls-Leiden sind flackernde und blickende Animationen sehr schlimm. Diese können nämlich einen Anfall auslösen. Das wollen Sie sicherlich vermeiden. Daher gestalten Sie Ihre Lösung bitte ohne Flackern mit kurzen Frequenzen.

Navigierbar

2.4.1 Elemente-Gruppen überspringen oder umgehen

Bei Tastatur-Steuerung ist es notwendig, dass man manches überspringen kann. Unwichtiges im Bedienfluss stört manchmal und irritiert, wenn es angesprungen wird. Solche Elemente-Gruppe können dann übersprungen werden.

2.4.2 Eindeutige Seitentitel und Titel im Allgemeinen

Die Titel in Browser-Zeile und im Seiten-Kopf müssen eindeutig sein. Auch müssen sie sprechend sein. Eindeutige Titel sind auch für die Gebrauchs-Tauglichkeit und Such-Maschinen besser. Unverständliche Kürzel oder Zahlenreihen in der Browser-Zeile sind daher störend.

2.4.3 Fokus-Reihenfolge logisch nachvollziehbar

Gerade bei Tastatur-Bedienung ist eine logische Reihenfolge von den Elementen wichtig. Die Reihenfolge, wo der jeweilige Fokus liegt, muss daher logisch im Bedienfluss sein. Das muss man durch Testen und Durch-Tabben komplett nachvollziehen können.

2.4.4 Link-Zweck als aussagekräftige Texte
Der Zweck von einem Link muss im Beschriftungs-Text eindeutig und aussagefähig stehen. Verzichten Sie auf Dinge wie „mehr" oder „weiter". Verraten Sie dem Leser, was kommt.

2.4.5 Mehrere Zugangswege zu den Inhalten (Navi, Suche, Short)
Es heißt so schön: „Viele Wege führen nach Rom." Das gilt auch in digitalen Lösungen. Bieten Sie Ihren Nutzern mehrere Wege zu Ihren Inhalten an. Dann kann er wählen. Das sind z. B. Kopf-Navigation, Suche, Inhalts-Bereiche oder Fuß-Bereich mit Links.

2.4.6 Label und Überschriften als sinnvolle Namen
Beschriftungen und Überschriften in IT-Lösungen sollen für alle verständlich sein. Wählen Sie daher bitte verständliche Namen und Begriffe, idealerweise in Leichter Sprache.

2.4.7 Sichtbaren Fokus ermöglichen als Tab-Standort
Der Nutzer soll seinen Fokus beim Bedienen deutlich erkennen können. Jedes Element, das man mit dem Tab ansteuert, muss deutlich sichtbar sein. Das heißt, es muss eine klare Fokus-Umrandung haben – immer da, wo man ist.

Eingabe-Modalitäten
2.5.1 Alternative Bedienung zu Mehr-Finger-Gesten.
Eine Applikation wird auf Touch-Monitoren durch Berührung bedient. Auch auf mobilen End-Geräten ist das so. Diese Berührung geschieht teils mit mehreren Fingern gleichzeitig. Dazu muss es eine alternative Bedien-Möglichkeit geben. Diese sind meistens über Standard-Funktionen möglich. Nur in seltenen Ausnahmen muss das extra programmiert werden.

2.5.2 Abbruch der Bedienung per Finger auf Smartphone
Auf Smartphones und Tablets soll man eine Eingabe durch einen

Finger abbrechen können. Das geschieht, wenn der Nutzer, den Finger auf zum Beispiel. eine Schaltfläche hält und dann runterzieht. Diese Aktion wird so abgebrochen. Das Auslösen von dem jeweiligen Befehl ist dann überflüssig geworden. Das bezieht sich sowohl auf den Finger als auch auf Mauszeiger. Somit gilt es das auch für die Bedienung auf den PCs.

2.5.3 Sichtbare Beschriftung als Teil vom technischen Namen

Ein verständlicher Name für jedes Bedien-Element ist notwendig. Das können Navigation, Knöpfe, aber auch Formular-Elemente sein. Um Bedien-Elemente ansprechen zu können, benötigen sie oft auch einen programmatisch erfassbaren Namen. Dieser Name muss den sichtbaren Namen beinhalten. Sonst ist es schwer per Sprachsteuerung zum Beispiel eine Schaltfläche auszulösen.

2.5.4 Bewegungs-Aktivierung abschaltbar oder mit Alternativen

Viele mobile Endgeräte haben eine Bewegungs-Sensorik. Das ist teilweise praktisch. Für Menschen mit Behinderungen ist das nachteilig. Diese Funktion muss man abschalten können. Oder es muss Alternativen geben. Das gilt, wenn sie von der Webseite genutzt ist.

BITV-Prinzip Verständlichkeit

Lesbar

3.1.1 Hauptsprache einsetzen und angeben
Eine Webseite wird vom System natürlich in der richtigen Sprache
vorgelesen. Dafür braucht der Nutzer auf dem Rechner das
richtige Sprachpaket, hier Deutsch. Die Applikation muss die
Haupt-Sprache als Kenn-Zeichnung enthalten. Das geschieht
durch den so genannten Language-Tag. Bei uns steht der Tag „de"
für Deutsch.

3.1.2 Anders-sprachiges Kennzeichnen
Wenn Sie Fachbegriffe in einer Fremd-Sprache einsetzen, muss
das gekennzeichnet sein. In der IT sind englische Fachbegriffe
üblich. Diese müssen daher mit „en" markiert werden. Dann wird
der Begriff korrekt in Englisch ausgesprochen im Vorlese-Modus.

Vorhersehbar

3.2.1 Keine Kontext-Änderung bei Fokussierung
Eine Fokussierung in einem Text-Feld muss frei von Kontext-
Änderungen passieren. Setzt der Nutzer seinen Mouse-Cursor
dort hinein, sollen Inhalt und Umfeld identisch bleiben.

3.2.2 Keine Kontext-Änderung bei Eingaben
Das Gleiche gilt natürlich weitaus verschärfter bei Eingabe-Aktivi-
täten in Formularen. Wenn der Nutzer die Eingabe tätigt, soll
genau unterhalb davon Veränderung passieren.

3.2.3 Einheitliche Navigation
Für Gebrauchs-Tauglichkeit und Nutzer-Führung ist eine ein-
heitliche Navigation wichtig. Besonders wichtig ist das für die
Barriere-Freiheit innerhalb von IT-Lösungen. Die Navigations-
Elemente müssen gleich aussehen und am gleichen Platz sein.

3.2.4 Einheitliche Bezeichnungen

Einheitlichkeit auch in den Worten ist für Bedienung und Verständlichkeit sehr wichtig. Besonders zum Barriere-Abbau braucht es daher gleiche, wiederkehrende Bezeichnungen.

Hilfestellung bei der Eingabe

3.3.1 Fehler-Identifizierung eindeutig direkt am Ort

Der Nutzer muss seine Fehler bei der Eingabe erkennen können. Das geschieht durch entsprechende deutliche Markierungen direkt am Fehler-Punkt. Entsprechende Umrandungen und eine kleine Warn-Grafik am Feld sind da hilfreich. Auch für Blinde muss das erkennbar sein. Der Vorlese-Modus muss deutlich machen, wo ein Fehler entstanden ist. Hier ist wichtig, dass der Fehler in Textform beschrieben ist.

3.3.2 Beschriftung der Eingabefelder

Eingabe-Felder in der Benutzer-Oberfläche müssen eindeutig beschriftet sein. Ein häufiger Fehler im Design ist eine Beschriftung im Feld, die bei Eingabe verschwindet: Die Beschriftung muss immer außerhalb des Feldes erfolgen, darüber oder davor.

3.3.3 Korrekturvorschläge bei Fehl-Eingaben

Wenn ein Nutzer falsche Eingaben macht, soll er eine Korrektur-Hilfe bekommen. Die Fehler-Meldungen müssen immer dort stehen, wo der Fehler ist. Auch ein hilfreicher Hinweis zur Fehler-Behebung sollte erfolgen.

3.3.4 Fehlervermeidung wird unterstützt

Um Fehler zu vermeiden, sollte der Nutzer unterstützt werden. Handbuch, Hilfe-Texte oder Meldungen sind zwar schön. Es geht um eine Übersichts-Seite zur Überprüfung von Eingaben. Das gilt besonders bei Eingaben im Zusammenhang mit Geld.

BITV-Prinzip Robustheit

Kompatibel

4.1.1 Korrekte Struktur nach Plattform-Standards
Hier geht es um ordentliche Programmierung nach vorgegebenem Standard. Diese Regel gilt für alle Plattformen sowie die dazugehörenden Programmier-Sprachen.

4.1.2 HTML Name-Rolle-Wert-Kombination in jedem Element
Zur Schaffung von Barriere-Freiheit müssen Bedien-Elemente korrekt bezeichnet werden. Selbst gestaltete Komponenten müssen genau bezeichnet werden. Darum müssen sie im Programm-Code eine Kombination aus Name, Rolle und Wert haben.

4.1.3 Status-Meldungen programmatisch klar verfügbar
Auch Status-Meldungen zum Beispiel das erfolgreiche Übersenden eines Formulars, die das System sendet, müssen für alle Menschen verfügbar sein. Deshalb müssen diese entsprechend einprogrammiert und dadurch jedem anzeigt werden.

Die neuen Regeln nach WCAG

Allgemeine Anforderungen

5.2 Aktivierung von Barriere-Freiheits-Funktionen
Das gut erreichbare interaktive System ist wichtig. Daneben gibt es auch Zusatz-Funktionen. So kommen vom Betriebs-System oder Browser manche Funktionen für Barriere-Freiheit mit. Zudem kann man auch eigenständige Funktionen für Barriere-Freiheit anbieten. Diese müssen natürlich auch barrierefrei zugänglich sein.

5.3 Biometrie
Manche IT-Lösungen nutzen biometrische Werte. Das sind Daten vom Körper von dem Nutzer. Das kann der Finger-Abdruck für die Anmeldung sein, oder die Messung von Körper-Funktionen. Diese Funktionen und Informationen müssen ebenfalls barriere-frei verfügbar sein. Das bedeutet, es muss immer eine Alter-native geben. Es darf sich nicht auf ein biometrisches Merkmal beschränken.

5.4 Erhaltung der Information bei Übertrag
Es gibt Internet-Seiten auf denen Nutzer verschiedene Dokumente hoch laden können. Die Dokumente werden dann oft in andere Formate geändert. Die Informationen von dem Original-Dokument zu Barriere-Freiheit müssen dabei erhalten werden.

Zwei-Wege-Sprach-Kommunikation

6.1 Audio-Bandbreite für Sprache
Für eine verständliche gesprochene Sprache ist eine ent-sprechende Übertragung nötig. Dafür braucht es bei der Über-tragung über den Online-Kanal entsprechende Bandbreiten. Sonst wirkt der Ton zerrissen und die Botschaft wird, besonders für

Menschen mit Hör-Einschränkungen, unverständlich.

6.2.1.1 Text-Kommunikation in Echtzeit

Wenn die Möglichkeit von Video- oder Sprachtelefonie geboten wird, muss diese auch als Echtzeit-Text-Kommunikation möglich sein. Text-Nachrichten in Echtzeit müssen ebenfalls barrierefrei sein. Das bietet Menschen mit Hör-Einschränkungen eine gleichrangige Kommunikation.

6.2.1.2 Gleichzeitige Sprache und Text

Es gibt Systeme mit der Möglichkeit zur Kommunikation mit Sprache und Text gleichzeitig. In diesen Systemen sollen die Nachrichten - egal ob geschrieben oder gesprochen - gleichrangig sein. Deshalb muss auch die oft fehlende Text-Variante mit angeboten werden.

6.2.2.1 Visuell unterscheidbare Anzeige von Text-Nachrichten

Bei Text-Nachrichten, die über Optik Informationen vermitteln, bedarf es Barriere-Freiheit. Das kann WhatsApp sein oder auch Kommunikation wie Skype. Dort wird oft nur über Farbe und Position unterschieden, wer Autor des Beitrags ist. Zudem kommen hier wichtige optische Informationen über sogenannte Emojies oder Smilies hinzu. Alle diese Informationen müssen für Blinde auch vorgelesen werden können.

6.2.2.2 Programmatisch unterscheidbare Anzeige von Text-Nachrichten

Bei Text-Nachrichten generell müssen zusätzliche Informationen angezeigt werden. Neben dem Text kann es der Versender, ein Status, Antworten oder Datum sein. Diese oft visuellen Informationen sollen in der IT-Lösung barrierefrei angeboten werden. Das ist zumeist eine textuelle Beschreibung von den optischen Informationen.

6.2.2.3 Sprecher-Identifizierung

Bei Video-Konferenzen oder Live-Sitzungen sollen aktive Sprecher optisch identifiziert werden können. Aktive Sprecher werden zum Beispiel im Bild angezeigt. Unter deren Bild stehen zudem in Schriftform die Namen. Diese Informationen über die Sprecher müssen auch hörbar gemacht werden. Gleiches gilt für Echtzeit-Text-Kommunikation.

6.2.2.4 Echtzeit-Anzeige von Sprech-Aktivität

Wenn eine Person z. B. in einer Video-Konferenz gerade spricht, muss das erkennbar sein. Dazu helfen optische Indikatoren wie Markierungen oder visualisierte Ton-Signale. Diese Indikatoren müssen auch für blinde Menschen wahrnehmbar sein.

6.2.3 Inter-Operabilität von Echtzeit-Text-Kommunikation

Unterschiedliche Systeme müssen nahtlos zusammenarbeiten. Man muss eine direkt schnell übertragene Text-Kommunikation sicherstellen. Das erreicht man, in dem man technische Standards unterstützt.

6.2.4 Reaktions-Geschwindigkeit von Echtzeit-Text-Kommunikation

Bei Echtzeit-Text-Kommunikation muss die Übertragung Buchstabe für Buchstabe geschehen Das muss natürlich mit einer angemessenen Geschwindigkeit passieren. Dadurch wird vermieden, dass die die laufende Unterhaltung stockt.

6.3 Anrufer-Identifizierung

Bei einem eingehenden Anruf muss man barrierefrei den Anrufer erkennen können.

6.4 Alternativen zu sprachbasierten Diensten

Anbieten einer zugänglichen Alternative zu Eingaben oder Auswahl durch Sprache. Das ist ähnlich wie bei einer Telefon-Hotline.

„Wollen Sie weiter geleitet werden? – Ja!".

6.5.2 Auflösung bei Video-Telefonie
Video-Telefonie ist eine moderne Möglichkeit, an jedem Ort zu kommunizieren. Bei den Videos muss allerdings die Auflösung gut sein. Das ist wichtig, damit man sich sieht und versteht.

6.5.3 Bild-Wiederhol-Frequenz bei Video-Telefonie
Für die erfolgreiche Übertragung ist gute Video-Qualität wichtig. So gibt es ein ruckel-freies Bild. Diese wird durch eine entsprechend hohe Frequenz bei der Bild-Wiederholung gesichert.

6.5.4 Synchronität (Gleichzeitigkeit) bei Video-Telefonie
Ton und Bild in einer Echtzeit-Video-Konferenz sollen sauber parallel zueinander ablaufen. Ein Test ist bei guter Verbindung und ausreichender Bandbreite durchzuführen.

6.5.5 Visuelle Anzeige von Audio-Aktivität
Das betrifft nur Webangebote mit der Funktion einer Video-Telefonie. Es soll die jeweilige Audio-Aktivität vom aktiven Teilnehmer sichtbar sein.

6.5.6 Sprecher-Anzeige für Gebärdensprachen-Kommunikation
Das betrifft nur Internet-Angebote mit der Funktion zur Video-Telefonie. Ein Mensch, der hörbare Sprache mit Gesten-und Mimik-Sprache übersetzt, macht Gebärden-Sprache. Der Aktivitäts-Status, wenn jemand gebärdet, soll ebenfalls angezeigt werden. Diese Ansicht kann entweder selbständig aktiviert oder automatisch gestartet werden.

Video-Fähigkeiten (teils wie Wahrnehmbarkeit)
7.1.1 Wiedergabe von Untertiteln
Für das Verständnis vom Geschehen brauchen Gehörlose

Untertitel in Videos. Diese Möglichkeit muss angeboten werden – explizit über ein Bedien-Element.

7.1.2 Zeitgleiche Untertitel

Die Untertitel müssen natürlich zeitgleich, also synchron zum Hörbaren erfolgen. Das wird im professionellen Video-Schnitt gemacht oder über entsprechende Video-Player. Bei Youtube z. B. kann der Untertitel entsprechend generiert und integriert werden.

7.1.3 Erhaltung von Untertiteln

Untertitel müssen erhalten bleiben, wenn Videos von der Web-seite geändert oder genutzt werden.

7.1.4 Untertitel-Anpassung

Die Nutzer sollen Untertitel an ihre Bedürfnisse anpassen können. Das umfasst Größe, Kontrast, Transparenz vom Hinter-grund, Schriftart oder Position.

7.1.5 Gesprochene Untertitel

Nutzer sollen Sprach-Ausgabe der Untertitel aktivieren können. Sinn ist es, Videos mit Fremdsprache übersetzen zu können. Wenn Tonspur und Untertitel in der Originalsprache der Web-seite sind, dann greift die Regel nicht.

7.2.1 Wiedergabe von Audio-Deskription

Bei einer Audio-Deskription wird das gesamte Geschehen über eine zusätzliche Audiospur beschrieben. Wenn ein Video mit Audio-Deskriptionen angeboten wird, muss diese an- und abschaltbar sein.

7.2.2 Synchrone Audio-Deskription

Die Text-Alternative soll synchron zur Bild- und Tonspur im Video ablaufen. So wird auch eine Interaktion zwischen

Text-Beschreibung und Video gewährleistet.

7.2.3 Erhaltung von Audio-Deskription
Wenn Videos mit Audio-Deskriptionen von der Webseite geändert oder genutzt werden, müssen diese Text-Alternativen erhalten bleiben.

7.3 Bedien-Elemente für Untertitel und akustische Bild-Beschreibung
Das barrierefreie Angebot bei Video-Dateien soll auch abgerufen und gesteuert werden. Dafür müssen entsprechende Bedien-Elemente vorhanden sein in der Nutzer-Oberfläche.

Benutzer-definierte Einstellungen
11.7 Benutzer-definierte Einstellungen
Behinderungen und Einschränkungen sind oft sehr individuell. Für das barrierefreie Erleben sollen die Nutzer deshalb auch eigene Einstellungen machen können. Diese werden im Browser oder der IT-Lösung selbst vorgenommen. Die Internet-Seite oder das Programm soll dann diese Einstellungen übernehmen.

Autoren-Werkzeuge
11.8.2 Barrierefreie Erstellung von Inhalten
In vielen IT-Lösungen haben die Nutzer die Möglichkeit, Inhalte selbst zu erstellen. Das können Nachrichten-Beiträge, eigene Teil-bereiche oder komplette Webseiten sein. Das Umfeld dafür reicht vom kleinen Editor-Fenster bis zum großen Reaktions-System. Das Autoren-Werkzeug muss die Erstellung von barrierefreien Inhalten ermöglichen. Im Grunde muss die Erstellung von Inhalten im Autoren-Werkzeug ebenfalls barrierefrei möglich sein.

11.8.3 Erhaltung von Barriere-Freiheits-Informationen bei

Transformation
Eine Transformation einer Datei ist eine Änderung von Datei-
Struktur oder Datei-Format. Natürlich müssen die Barriere-
Freiheits-Informationen dabei vollumfänglich erhalten bleiben.

11.8.4 Reparatur-Assistenz
Innerhalb von Autoren-Werkzeugen muss barrierefreie Hilfe
angeboten werden bei Fehl-Eingaben. Das können falsche
Eingaben sein oder fehlende Eingaben. Der Nutzer soll als
betroffene Person auch eigenständig Inhalte produzieren können.
Diese sollen natürlich auch barrierefrei sein.

11.8.5 Vorlagen
Sollen Sie zur Erstellung von Inhalten Vorlagen anbieten, müssen
Sie dabei auch Barriere-Freiheit berücksichtigen. Sie müssen dann
mindestens eine Vorlage pro Format anbieten, welche barrierefreie Inhalte ermöglicht.

Dokumentation und Support
12.1.1 Dokumentation von besonderen Anwendungen und Barriere-Freiheit
Bieten Sie bei selbst-programmierten Bedien-Elementen zu
Barriere-Freiheit eine Dokumentation dazu an. Diese muss im
Grunde auch barrierefrei zugängig sein.

12.1.2 Barrierefreie Dokumentation
Die Dokumentation sollte natürlich auch barrierefrei sein.
Sonst hilft sie nur wenig. Hier hängt die Umsetzung natürlich
vom End-Format von der Dokumentation ab. Man kann eine
Dokumentation in Papierform, PDF, Webseite oder Video anbieten.

12.2.2 Technischer Support
Der Support soll Hilfe zu den Barrierefreiheits-Funktionen der

Webseite liefern können. Auch den technischen Support muss man barrierefrei anbieten, damit er unterstützt. Das gilt zum Beispiel für E-Mail-Anfragen oder Chat-Kommunikation.

12.2.3 Effektive Kommunikation

Wenn man barrierefreie Unterstützung anbietet, dann soll diese auch praktikabel sein. Es hilft dem Hilfe-Suchenden nur, wenn er die Hilfe zeitnah bekommt. Die Hilfe soll auf unterschiedlichen Kanälen abrufbar sein. Das heißt zum Beispiel über Telefon, Mail oder Chat.

12.2.4 Vom Support bereit gestellte Dokumentation

Toll ist es, wenn die Service-Abteilung eine technische Dokumentation bereitstellt. Diese sollte als Hilfe-Datei bereitstehen. Sie muss barrierefrei umgesetzt sein - in jedem Endformat.

Barriere-Freiheit prüfen

Werkzeuge zur Überprüfung nach BITV

Sie haben nun ein Grund-Verständnis für die 98 Kriterien von
BITV und WCAG. Mit diesem Kapitel biete ich Ihnen praktische
Tipps zu deren Anwendung. Diese helfen Ihnen, Ihre digitalen
Lösungen eigenständig auf Barriere-Freiheit zu prüfen. Im Kern
geht es ja darum, die erlernten Regeln auch anwenden zu können.

Ich stelle Ihnen zuerst ein paar Werkzeuge vor, die Ihnen beim
Einstieg helfen sollen. Damit gewinnen Sie Zeit, und Sie erhalten
einen schnellen ersten Überblick. Sie helfen bei einer Vorab-
Prüfung und bei der Begleitung von IT-Projekten generell. Sie
können Projekt-Leiter, Designer, Entwickler und Texter so mit
kompetenten Hinweisen unterstützen. Mit den Werkzeugen
können Sie auch Web-Seiten selbst prüfen und IT-Lösungen
bewerten. Sie sind auch nützlich als vorbereitende Arbeiten für
einen vollständigen BITV-Bericht.

Lernen Sie zuerst die Vorlese-Werkzeuge kennen, den
sogenannten Screen-Reader. Mit diesem Werkzeug werden
auch blinden Menschen die Inhalte auf Webseiten vorgelesen.
Normalerweise ist auf jedem PC oder Smartphone ein solches
Vorlese-Werkzeug installiert. Sie können aber auch weitere Vorlese-Werkzeuge hinzuladen.

Bei PCs mit dem Betriebssystem Windows ist der Narrator
automatisch vorinstalliert. Den Narrator rufen Sie mit der Tasten-
Kombination „Windows" und „Enter" auf. Dann beginnt eine
Computer-Stimme das vorzulesen, was Sie selbst aktiv ansteuern.
Diese Stimme ist recht gut verständlich und klingt durchaus
menschlich. Über die Tastatur können Sie sich durch Internet-

Seiten und PC-Software bewegen. Dabei nutzen Sie das Tab-Zeichen, das Pfeil-Zeichen und die Enter-Taste. Und nun hören Sie zu, was die freundliche Computer-Stimme vorliest. Manchmal ist es sinnvoll, oft leider auch unsinnig – je nach Barriere-Freiheit halt.

Falls Sie eine deutsch-sprachige Webseite prüfen wollen, brauchen Sie dazu auch das deutsche Sprach-Paket. Das Sprach-Paket dient dazu, dass die jeweiligen Worte auch korrekt ausgesprochen werden. Wenn Sie ein englisch-sprachiges Windows haben, müssen Sie das deutsche Paket herunterladen. Das gilt auch für alle Sprachen, damit das Vorlese-Werkzeug alles korrekt vorliest.

Gehen Sie für Sprach-Erweiterungen auf die entsprechende Seite bei Microsoft. Dort laden Sie sich das sogenannte Sprach-Paket für die jeweilige Sprache herunter. Sie merken schnell, ob das notwendig ist oder nicht. Wenn Deutsches befremdend englisch vorgelesen wird, dann brauchen Sie das deutsche Sprach-Paket. Das gleiche gilt natürlich auch umgekehrt. Wird Englisches befremdend Deutsch ausgesprochen, dann fehlt Ihnen ein ergänzendes englisches Sprach-Set. Mit diesem Vorlese-Werkzeug müssen Sie sich erst vertraut machen und sich daran gewöhnen. Es ist eher verwirrend für sehende Menschen, wenn sie dazu alles hören. Bitte probieren Sie es mutig und verschaffen Sie sich den nötigen Eindruck.

Ein sehr hilfreiches Werkzeug sind die sogenannten VOX-Voreinstellungen vom Browser Chrome. Über diese Einstellungen können Sie viele Dinge rund um Barriere-Freiheit einfach aus-probieren. Sie zeigen unter anderem den Fokus von Ihrer Inter-aktion mit dem System an. Damit sehen Sie, wie sich faktisch per Maus oder Tastatur durch Internet-Seiten bewegen. Sie können damit auch die logische Reihenfolge von allen Elementen prüfen. Nutzen Sie dazu die eben genannten Tastatur-Elemente wie Tab-Taste, Pfeil und Enter.

Teilweise machen Interaktions-Designer vorher ja Skizzen, wie die Bedien-Reihenfolge durch eine Web-Seite ist. Die Umsetzung in der Programmierung muss angepasst sein. Wenn die Bedienung anders ausfällt, dann muss die reale Umsetzung verbessert werden. Der Nutzer soll einen schönen logischen Weg durch die Internet-Seite vorfinden. Das können Sie mit den Entwickler-Tools im Browser selbst prüfen.

Beim Testen können Sie selbst diesen für Nutzer sinnvollen Pfad beschreiten. Mit diesen Werkzeugen und Voreinstellungen können Sie selbst alles ausprobieren. Das gilt natürlich sowohl für Hauptseite als auch für Unterseiten einer Internet-Seite. Gehen Sie die übergeordneten Themen und alle Details durch. Lassen Sie sich vom Vorlese-Programm alles vorlesen und hören Sie hin. Machen Sie beim Durch-Testen und Vorlesen-Lassen direkt Notizen.

Sie können mit hinzugeladenen Werkzeugen und Einstellungen zum Beispiel auch Farb-Wahrnehmung prüfen. Sie können zum Beispiel das Farbschema umschalten. Damit erscheint die Internet-Seite in kontrastreichen Farben. So können Sie sich teilweise auch die erwähnten Farb-Mess-Methoden ersparen. Es gibt auch noch andere hilfreiche kleine Möglichkeiten neben der Kontrast-Auswertung. So etwas hilft Ihnen schnell durchzustarten ohne große Komplexität. Nutzen Sie also die Tools vom Chrome Browser für Ihren Alltag.

Mit den Tools sind interessanten Kombinationen für die Darstellung möglich. Es gibt die normale Ansicht, die Kontrast-Erhöhung, Graustufen-Darstellung und Farb-Umkehrung. Auch gibt es umgekehrte Graustufen oder gelb auf schwarz als Kontrast-Steigerung.

Für jemanden, der normal sieht, ist das vielleicht ein bisschen krass. Aber für Menschen mit Farbseh-Schwäche und Kontrast-

Sehschwäche ist das sehr hilfreich. Es hilft, wenn Sie Ihre Software oder Web-Seite so angezeigt bekommen. Das ist im Windows-Betriebssystem mit eingebaut über die Einstellungen zu Barriere-Freiheit. Der Nutzer kann also selbst bestimmen, wie er es haben möchte. Er kann dort einstellen, wie er die Farb-Darstellung sehen möchte. Und Sie sollten unbedingt wissen, was der Nutzer sieht.

Auch in unseren eigenen Projekten testen wir so etwas immer mit. Eine kontrastreiche Darstellung in Hell und die Graustufen-Darstellung sind auch in Ordnung. Ob schön oder nicht, ist eine andere Frage. Hauptsache, die Darstellung ist wahrnehmbar und nutzbar für alle Menschen.

Die umgekehrte Darstellung in schwarz-weiß sollte in Ordnung sein. Die Ergebnisse sind dabei sehr ungewöhnlich für den normal Sehenden. Aber so ist das nun mal bei der kontrastreichen Farb-Darstellung. Diese schwarz-gelbe Darstellung ist für viele Menschen sehr hilfreich. Probieren Sie das alles aus und schauen Sie sich Ihre Internet-Seite an. Sehen Sie was passiert, wenn diese Farb-Verdrehung erscheint. Diese erscheint automatisch – vom System her. Sie können nur vorbeugen, damit es in Ordnung ist.

Dann gibt es ein ganz großes hilfreiches Werk-Zeug: Das Lighthouse Audit. Das ist so eine Art automatisiertes Test-Verfahren, wo sie wenig machen müssen.

Dieses Test-Verfahren geht hier an den WCAG-Kriterien entlang. WCAG bedeutet „Web Content Accessibility Guidelines". Das heißt übersetzt: „Netz-Inhalts-Zugänglichkeits-Regeln". Das sind die sogenannten internationalen Regeln für Barriere-Freiheit auf Internet-Seiten. Sie wurden definiert vom W3C – also dem Konsortium für das World Wide Web.

Die WCAG ist das internationale Regelwerk für Barriere-Freiheit. Das deutsche BITV-Regelwerk ist das Gegenstück dazu. Mittlerweile wurde das in Deutschland aber zusammen geführt. So ein automatisierter Test geht alle Grundkriterien von der WCAG durch. Sie bekommen am Ende einen englisch-sprachigen Kurz-Bericht als Ergebnis. Sie wählen ein paar Kriterien aus und lassen das Werkzeug über die Internet-Seite laufen. Dann bekommen Sie einzelne Hinweise, was funktioniert. Ebenso erhalten Sie Tipps, was nun zu tun ist. Es ist alles in Englisch, was für manche Menschen vielleicht schwierig ist. Aber besser in Englisch als ohne Hinweise oder Hilfe.

Aber es ist auch eine Hilfe und ein Richtwert für Sie, wo Sie genauer hingucken müssen. Diese WCAG Kriterien entsprechen im Grunde genommen ja den BITV-Kriterien. So haben Sie vorab einen kleinen automatisierten Blick. Ein Bericht vom Lighthouse Audit ist ziemlich lang und unübersichtlich. Da müssen Sie durchgucken, welche Kriterien erfüllt sind. Diese werden auf Grün geschaltet. Bei den anderen bekommen Sie automatisierte Hinweise, was zu ändern ist.

Es gibt die Möglichkeit, in einer Spalte neben dem Browser in den Quell-Text zu schauen. Diesen erreichen Sie durch entsprechende Kürzel in der Eingabe. Bei den meisten PCs ist das F12. Da wird quasi auf der rechten Spalte ein Blick in den Code gestattet. Dort können Sie gucken, ob zum Beispiel ein Bild mit einem ALT-Text versehen ist. Sie können auch nachlesen, wie die grundlegenden Strukturen im HTML sind.

Zum Beispiel würden Sie so auch finden, ob versteckte Tabellen in der Seite sind. Das sollte ja eher vermieden werden. Sie sehen, ob Zitate so aussehen und mit „Quote" also Tag gekennzeichnet sind. Sie sehen insbesondere, ob Bilder mit ALT-Text versehen sind zum Vorlesen. Der Blick in den Quell-Code ist hilfreich und notwendig.

Mit der Zeit lernen Sie, dass Sie sich einzeln durchklicken und bestimmen, was richtig ist. Und danach geht Testen viel schneller.

Hier sehen Sie eine Liste aller Tools zusammengestellt für Sie. So können Sie das leichter nachvollziehen.

- Arbeiten Sie aktiv mit der Tastatur und Tasten-Kombination.

- Nutzen Sie den Narrator oder andere Vorlese-Tools.

- Mit F12 erreichen Sie die Entwickler-Tools im Browser.

- Die „Accessibility Insight for Web" als erster Einblick.

- Erweiterungen vom Chrome Browser über „Extensions"

- Der „Light House Check" für eine Prüfung nach WCGA

- „Highcontrast Extensions" als Zusätze für Ansicht-Modie

- „Chrome VOX Extensions" oder „Chrome Vox Tools".

Leider gibt es normalerweise viele der Werkzeuge nur von englisch-sprachigen Anbietern. Das verwirrt zwar, aber es hilft trotzdem. Die BITV-Kriterien entsprechen halt weitestgehend den WCAG-Kriterien. Sie können mit gutem Gewissen in einer Vor-Prüfung solche Sachen für sich nutzen.

Einladung zum Nachdenken und Umsetzen

Machen Sie sich mit den genannten Werkzeugen vertraut.
Browser aufmachen, F12 drücken und reinschauen. Die Chrome-
Erweiterung dazu laden und Farben bewerten. Oder den
Narrator oder andere Vorlese-Werkzeuge anmachen und hin-
hören. Nehmen Sie sich Ihre eigene Internet-Seite vor. Los geht's!

Raum für Ihre Notizen:

Durchführen von einer BITV-Überprüfung

Jetzt haben Sie sicher einen Überblick über die Barriere-Freiheit von Ihrer Internet-Seite. Nun geht es darum, dass Sie Ihre eigene Selbst-Einstufung vorbereiten. Auch dafür möchte ich Ihnen hilfreiche Hinweise geben und das Vorgehen aufzeigen. Ich beschreibe Ihnen nur, wie ich solche BITV-Einstufungen im Alltag mache. Damit möchte ich Ihnen Mut machen. Dabei ist es egal, wenn alles noch etwas holperig läuft. Hauptsache Sie prüfen Ihre eigene Webseite oder Ihr Vorhaben selbst, bevor andere es tun. Es ist viel günstiger, seine eigenen Fehler zu erkennen. Noch günstiger ist es, wenn man seine Fehler auch selbst beheben kann.

Als Allererstes planen Sie bitte Ihr Test-Vorhaben und bereiten es ein wenig vor. Es muss ja auch einen Grund geben, dass Ihr Vorhaben BITV konform sein soll. Diesen Grund sollten Sie sich nochmal bewusstmachen und festlegen. Für unser Beispiel-Projekt „dresden.familie-und-beruf.online" haben wir im Jahre 2018 und 2019 Fördermittel bekommen. Wer Fördermittel von der Europäischen Union bekommt, dessen Lösung sollte mindestens barrierearm ein. IT-Projekte in späteren Jahren sollten sogar richtig barrierefrei sein.

Als Nächstes legen Sie ein Ziel fest. Übergeordnet kann das eine endgültige Zertifizierung oder ein Vorab-Test zur Verbesserung sein. Im zweiten Fall wollen und sollen Sie und Ihr Team noch Korrekturen durchführen. Sie legen auch Ihre Zielgruppe fest, also wer die Test-Ergebnisse bekommt. Bei Vorab-Tests sind es Designer und Entwickler, die die Korrekturen umsetzen.

Dann müssen Sie das Projekt bestimmen, worauf sich der Test beziehen soll. Neben der Technologie-Art wird das Projekt natürlich konkret benannt. BITV-Prüfungen beziehen sich auf Internet-Seiten, mittlerweile aber auch auf Apps und Software. Das Projekt selber benennen Sie konkret. Sie legen ebenfalls den Tiefe-Grad von der BITV-Prüfung fest. Definieren Sie dabei, wie viele Ebenen und Seitenarten Sie prüfen werden. Sie suchen sich selbst einen sinnvollen Bedienpfad aus mit verschiedenen Seiten-Typen. Zu Beginn legen Sie sich gleich auf bestimmte Muster-Seiten fest. Wenn mehrere Seiten sich gleich verhalten, können Sie eine für alle prüfen. In unserem Beispiel sind die Kapitel-Seiten immer gleich. Also prüfe ich nur eine Kapitel-Seite.

Zu Beginn sollten Sie sich auch für die optische Form entscheiden. Das kann eine praktische Excel-Datei für interne Projekte sein. Für Kunden ist ein aufbereiteter detailliert ausformulierter klassischer Prüfbericht als PDF-Format besser. Ich habe mich entschieden, dass wir das in einem klassischen Prüfbericht besprechen. Das machen wir hier mit ausformulierten Hinweisen. Wenn Sie diese Strategie festgelegt haben, dann legen Sie auch den Prüf-Gegenstand fest. Schreiben Sie, welche von den Seiten Sie prüfen wollen und welche Sie weglassen.

Hier möchte ich Ihnen das für unser Beispiel aufzeigen. Wir haben uns für unsere eigene Plattform entschieden. Es ist die „Familie-und-Beruf Plattform", aber eben lokal für Dresden. Wir beziehen also nur lokale Variante für Dresden. Rufen Sie diese auf, dann können Sie alles hier Erwähnte nachverfolgen. Als Seiten werden wir die Startseite, eine Kapitel-Seite, eine Unterseite und eine Kontakt-Seite testen. Zudem testen wir eine Info-Seite und eine Stadt-Teilseite sowie ein Formular. Sie finden diese Beispiel-Seite unter dresden.familie-und-beruf.online

Was wir überspringen werden, ist die Karten-Ansicht. Da wissen wir schon jetzt, dass die Umsetzung von Barriere-Freiheit zu schwierig ist. Das hat leider eher technische Gründe. Auch die Video-Seite lassen wir weg, da die Videos ja auch bei den Themen erscheinen. Das, was überflüssig oder chancenlos ist, sollten Sie bei einer BITV-Prüfung ebenfalls weglassen. Unser Prüf-Gegenstand umfasst also somit sieben Seiten. Nachdem alles so festgelegt ist, kann es losgehen.

Sie haben jetzt die Gelegenheit, Ihr gelerntes BITV-Wissen auszuprobieren. Machen Sie doch parallel einen Überflug über Ihre eigene Internet-Seite. Ein kleiner „Light House Check" kann ein guter Einstieg sein. Das ist leider auch trügerisch, weil alles zu gut eingestuft wird. Unser erstes automatisiertes Ergebnis war verblüffend gut. Sogar 95 Prozent Barriere-Freiheit zeigte dieser Test bei der Startseite. Sie bekommen erste Hinweise.

Ein korrektes Ergebnis erfordert Wissen und Erfahrung. Die Themen kennen Sie inzwischen grundlegend. Prüfen Sie zum Beispiel, wie kontrastreich Ihre IT-Lösung ist. Probieren Sie aus, ob eine Schrift-Vergrößerung auf 200 Prozent funktioniert. Spielen Sie alle BITV-Kriterien an einer Seite durch. Im besten Fall ist dabei sogar Ihre erste Feststellung: „Ja, das sieht schon gut aus und funktioniert wie gewünscht."

Wagen Sie auch eine erste Überprüfung mit einem Vorlese-Werkzeug wie dem Narrator. Prüfen Sie dabei, ob Sie über Tastatur-Steuerung alle notwendigen Informationen hören. Das, was für blinde Menschen unsichtbar bleibt, sollten sie hören können. Steuern Sie sich per Tastatur überall hin. Klicken Sie sich Seite für Seite durch und hören Sie dabei gut hin. Wenn alles gut, schlüssig und verständlich klingt, ist der Anfang gemacht. Machen Sie sich Notizen und sammeln Sie alles, was Ihnen auffällt. Legen Sie den Zettel neben sich und notieren Sie die Auffälligkeiten passend zu den Kriterien.

In unserem Beispiel wurde leider die Titelzeile im Browser falsch umgesetzt nämlich als Zahlenkombination. Auch die Such-Funktion ist wenig barrierefrei und muss überarbeitet werden.

Alles, was korrigiert werden soll, habe ich gleich aufgeschrieben. Alle diese Dinge können Sie natürlich auch digital notieren. Damit wäre der Moment gekommen, dass Sie sich eine Excel-Liste vorbereiten. Alle benannten Prüfkriterien schreiben Sie ein in eine Spalte. Hinzu kommen die Nummern und dann Ihre Einstufungen. Die Einschätzung machen Sie stufenweise. Wenn das Kriterium eher erfüllt wurde, bestätigen Sie es mit „Ja". Wenn Sie tendenziell „Nein" sagen, dann begründen Sie die Verletzung. Schreiben Sie bitte die Begründung klar auf, damit andere sie nachvollziehen können. Wichtig ist auch ein Hinweis, was nun zu tun ist. Es hilft, wenn Sie selbst eine Vorlage für einen Bericht vorbereiten.

Ich habe mir für unsere Firma HeiReS eine schicke HeiReS-Vorlage in Word gemacht. Diese hat bestimmte Grundstrukturen und auch eine Fußzeile und Kopfzeile. Ich achte dabei generell auf das „Corporate Identity", also die Firmen-Darstellung. Mir als Designerin ist wichtig, wie Dokumentationen aus unserem Hause aussehen. Es ist sehr hilfreich, eine gute Vorlage zu haben. Dann braucht man diese nur noch auszufüllen, und es ist bequemer.

Als Beispiel können Sie sich unsere Seite ansehen. Machen Sie so einen Live-Check über die erste Seite. Schauen Sie sich beispielhaft an, was dort zu sehen ist. Alle Navigations-Elemente haben eine Grafik und eine Beschriftung. Die Navigation, also die Steuerung, ist in sich schlüssig und im Prinzip immer gleich. Auch im inneren Inhalts-Bereich wiederholt sich die Darstellung von Informationen. Obwohl mit intensiven Farben gearbeitet wurde, ist die Lösung unabhängig von Farben. Durch Grafiken und Schriften können auch farbenblinde Menschen alles nutzen.

Sie sehen an unserem Beispiel, dass die eingesetzten Videos alle Untertitel haben. Zudem sind die Texte in den Videos als Inhalt auf der Seite selbst lesbar. Auf den ersten Blick erkennen Sie, dass die Farben einen klaren Kontrast haben. Auch die Schriften haben eine gut lesbare Größe und sind vergrößerbar. Sie erkennen auf der Beispielseite auch sofort sehr klare Strukturen. Wenn Sie reinhören, stellen Sie fest, dass die Tab-Reihenfolgen in Ordnung sind. Der Fokus wird zudem klar und deutlich angezeigt.

Auf den ersten Blick ist also alles im Kern ganz gut gemacht. Auch hörbar ist alles ganz in Ordnung. Der Computer liest bei den Bildern und Steuer-Elementen sogar sinnvolle Texte vor. Das sind zum Beispiel der Suche-Button oder die Sprach-Auswahl. Ich habe auf den ersten Blick bei uns einiges gesehen, was noch korrigiert werden muss. Solche Dinge notiere ich immer in meiner Excel-Tabelle. Wie gesagt – in der ersten Spalte habe ich die BITV-Nummern. Danach kommt die Regel und der Status von dem Element. So sehe ich, wo noch etwas gemacht werden muss.

Bei manchen Grafiken fehlte der Vorlese-Text. Deshalb habe ich eine Anmerkung dazu gemacht. Die Beschriftung von Formular-Elementen in den kleinen Fenstern muss besser werden. Dinge, die ausgelassen wurden, schreibe ich immer in Klammern dahinter. Das gilt zum Beispiel für spezielle Audio-Deskriptionen, also Hör-Beschreibungen. Auch Audio Control, also eine Hör-Kontrolle im Sinne von lauter-leiser, blieb ungenutzt. Diese Dinge wurden ausgelassen und können stressfrei übergangen werden. Man sollte auch feststellen, dass etwas in Ordnung ist. Das bedeutet, dass man außer den Mängeln auch alles Gelungene dokumentiert. Hier reicht ein bestätigendes „Ja" oder „in Ordnung".

Bei unserem Beispiel haben wir eine Kapitel-Übersicht-Seite getestet. Im Großen und Ganzen ist sie in Ordnung und recht gut gelöst. Aber die Fehler von der ersten Seite wiederholen sich hier natürlich. Das gilt zum Beispiel für die Art und Weise, wie Videos integriert sind. Dabei handelt sich um teils fehlerhaft integrierte Videos aus Youtube. Auf dieser Seite gibt es manche Schwierigkeiten bei der Skalierung. Zum Beispiel verhält sich die Kopfzeile hier anders als der innere Bereich von dieser Seite. Die Schrift wird im inneren Bereich angemessen kleiner oder größer, wenn man die Skalierung ändert. Bei der Kopfzeile bleibt fälschlicher Weise alles starr.

Solche Kleinigkeiten habe ich festgestellt und sie auch in unsere Excel-Datei geschrieben. Wenn Fehler sich auf anderen Seiten wiederholen, schreibe ich einfach: „Siehe Seite 1". Dieser Hinweis gilt dann auch für Seite 2, Seite 3 und folgende. Bei diesen Themen-Seiten halten sich somit meine Anmerkungen zu Fehlern in Grenzen. Das ist auch logisch, denn einmal gemachte Fehler wiederholt man zumeist genauso. Das ist überall so im Leben – auch bei Programmierern. Schreiben also auch Sie bitte das, was sich wiederholt, nur einmal auf. Das spart Ihnen viel Zeit und Mühe und schützt Sie und andere vor Verwirrungen.

Bei der eigentlichen Inhalts-Seite wurde es dann doch ein bisschen ausführlicher. Sie hat ein anderes Konzept mit anderen Inhalten, Darstellungs-Formen und Bedien-Elementen. Beim Vorlesen von den Inhalten wird deutlich, dass viele Alternativ-Texte fehlen. Insbesondere bei den vielen Bildern wurden die fehlenden Alt-Texte sehr deutlich. Dafür ist das Skalier-Verhalten auf der Inhalts-Seite besonders gut gelungen.

Ein schwerwiegender Fehler liegt insbesondere beim in der Browser-Zeile gezeigten Link. Der Name von der Internet-Seite, der dort steht, wird nämlich auch vorgelesen. Bei uns steht dort bei Unterseiten zum Teil eine Zahlenkombination. Hier muss aber ein sprechender Titel stehen, damit sinnvolle Dinge vorgelesen werden können. Dieses Problem muss natürlich auch in der Excel-Liste aufgeführt werden. Um den Fehler zu beheben, müssen wir hier als Firma möglicherweise einiges umprogrammieren. In der Praxis kann oft ein Hinweis in so einer Excel-Tabelle genügen. Das hängt davon ab, wie Ihre Programmierer und Designer arbeiten.

Für uns als Kenner von Barriere-Freiheit und der BITV genügt das, um Fehler zu beheben. Andere bevorzugen detaillierte Prüfberichte oder Einträge in Fehler-Datenbanken.

Wenn unterschiedliche Technologien eingesetzt werden, müssen diese auch einzeln betrachtet werden. Wir haben uns in unserem Beispiel vorerst besonders auf die Internet-Seite konzentriert. Da wir unsere Lösungen in anderen Technologien anbieten, prüfte ich diese zudem. Zum einen gibt es Familie-und-Beruf als ein Programm für Windows PC. Zudem es gibt die Lösung als mobile Apps für Android und iOS Mobil-Telefone. Sowohl bei der Software also auch bei den mobilen Apps liegen noch Fehler zur BITV vor. Diese sind übrigens je Technologie bzw. programmierter Fassung unterschiedlich.

Das, was ich Ihnen hier vermitteln wollte, ist gängige Praxis und Alltag. Sie erleichtern sich das Leben, wenn Sie digitale IT-Lösungen auch auf diese Weise vorprüfen.

Einladung zum Nachdenken und Umsetzen

Nehmen Sie sich doch mal eine Internet-Seite vor und prüfen Sie selbst die Barriere-Freiheit. Testen Sie dabei wichtige Haupt- und Unter-Seiten auf diese BITV-Kriterien hin. Ich weiß, das ist schwierig und eine große Aufgabe. Aber ich bin mir sicher, Sie schaffen das. Denken Sie daran: Mit einem Struktur-Dokument haben Sie es leichter.

Raum für Ihre Notizen:

Einen BITV-Prüfbericht verstehen

Abschließend geht es um den offiziellen Prüfbericht nach der
BITV bzw. der WACG. Ich möchte Ihnen helfen, diesen zu verstehen, zu beurteilen und zu nutzen. Bitte beachten Sie, dass
es sich bei meinen Ausführungen um einen entwicklungs-
begleitenden Prüfbericht handelt. Dieser wird üblicherweise
an Dritte weitergegeben, die Fehler nach BITV bereinigen. Das
können zum Beispiel Ihre Kollegen sein. Ebenso kann das die
Werbe-Agentur sein, die die Internet-Seite gemacht hat. Auch
die Entwickler von Software-Lösungen oder Apps sind richtige
Adressaten. Wenn Sie also solche Prüf-Berichte übergeben
müssen, sollten Sie sie auch verstehen.

Mit geht es ausschließlich um den Prüfbericht. Die Zertifizierung
mit dem BITV-Siegel ist ein anderes Thema. Diese Zertifizierung
machen ausschließlich die BITV-Teststellen. Nur diese Stellen mit
ihren Prüf-Partnern nehmen eine finale Prüfung zur Zertifizierung
vor. Die BITV-Prüfstelle nennt Ihnen die Partner und vermittelt
Sie dort hin. Die genannten Partner können dann eine Prüfung für
die BITV-Zertifizierung durchführen.

An dieser Stelle möchte ich Sie warnen, voreilig zu handeln. Ein
Prüf-Termin dort dauert lange, und die BITPV-Prüfung kann sehr
teuer werden. Es ist also besser, wenn Sie gut vorbereitet sind.
Daher ist es sinnvoll, wenn Sie selbst etwas von diesen entwicklungs-begleitenden Prüf-Berichten verstehen. Gerne helfe ich
zusammen mit den Firmen HeiReS und IT hilft gGmbH weiter.
Auch ich selbst kann solche entwicklungs-begleitenden BITV-
Prüfungen vornehmen. Idealerweise entwickeln Sie selbst ein Auge
für BITV-Verletzungen. Sonst zahlen Sie für Dinge, die Sie hätten
selbst entdecken können. Das wäre doch wirklich schade.

Es ist daher hilfreich, wenn Sie verstehen, wie ein BITV-Prüfbericht aufgebaut ist. Das möchte ich Ihnen wieder an unserem konkreten Beispiel erklären.

Für unsere Plattform „dresden.familie-und-beruf.online" haben wir nämlich einen BITV-Prüfbericht geschrieben. Wenn Sie sich diese Seite aufrufen, können Sie meine Hinweise besser nachverfolgen. Unseren BITV-Prüfbericht können Sie sich sogar anschauen bei der Erklärung zur Barriere-Freiheit.

Diesen BITV-Prüfbericht habe ich an meine Kollegen aus Design und Entwicklung weitergegeben. Damit konnten diese viele der entdeckten Fehler zur BITV sogar schon beheben.

Ein BITV-Prüfbericht hat eine ganz klare Gliederung, die immer so sein sollte. In der Einleitung stehen Prüf-Unternehmen und Prüfer, das Projekt selbst, Prüf-Zeitpunkt und Prüf-Verfahren. Auch der Prüf-Auftrag bzw. der Auftrag-Geber werden hier erwähnt.

An unserem Beispiel ist die Heinrich & Reuter Solutions GmbH das Prüf-Unternehmen. Auch gehören, die direkten Ansprechpartner, die den Bericht verfasst haben dazu. In diesem Fall bin ich das – also Peggy Reuter-Heinrich mit meiner Firmen-E-Mail-Adresse. Der Auftrag-Geber war in diesem Fall die gemeinnützige IT hilft gGmbH. Diese betreibt nämlich unsere Plattform zur besseren Vereinbarkeit von Familie und Beruf. Die BITV-Prüfung bezieht sich an unserem Beispiel auf die Internet-Seite „dresden.familie-und-beruf.online". Wie gesagt – Sie können sich das alles dort anschauen.

Der Prüf-Zeitraum war im Frühling 2022. Das wird deshalb benannt, da eine BITV-Prüfung immer nur eine Moment-Aufnahme ist. Das angewendete Prüf-Verfahren war ein abschließender Test auf die BITV-Kriterien. Der Prüf-Auftrag war nur die Überprüfung von der Internet-Seite auf die BITV-Kriterien. Die mobilen

Apps sowie die Software waren dabei ausgeschlossen. Die zum Projekt gehörenden mobilen Apps oder die Software wären neue Prüfungen.

Dann sind im Bericht immer die geprüften Einzelseiten benannt. Das waren an unserem Beispiel Startseite, Kapitel-Seite, Unterseite, Adress-Seite, Stadt-Seite und Formular-Seite. Es sollte auch ein Link dorthin angegeben sein zur Überprüfung. Idealerweise sind auch Bilder von den einzelnen geprüften Seiten dabei. Diese Bilder zeigen dann deutlich, wie sie zu diesem Zeitpunkt aussahen.

Nach dieser Einleitung kommt erst das eigentliche BITV-Prüfergebnis in drei große Blöcken. Diese gliedern sich in die erfüllten und die ungenutzten Kriterien. Erst am Ende kommen als größter Block die falsch umgesetzten Punkte. Das sind die Seiten, die eigentlich noch verbessert werden müssen.

Die BITV hat im Grunde sieben Einstufungen, wie gut BITV-Kriterien erfüllt werden. Die BITV unterscheidet in: „erfüllt, eher erfüllt, teilweise erfüllt". Dazwischen gibt es „nicht angewandt" als ungenutzte Kriterien. Auf der anderen Seite gibt es: „teilweise nicht erfüllt, eher nicht erfüllt, nicht erfüllt". Es kommt oft vor, dass Einzel-Seiten in der Zuteilung zu den BITV-Regeln gemischt sind. Wenige Seiten gut umgesetzt, aber der Rest falsch, dann fällt die Seite durch. Im Gesamt-Blick über alle Seiten macht diese feine Gewichtung, dann wieder Sinn. In der Zusammen-Fassung läuft es trotzdem auf diese drei großen Einstufungen hinaus.

Bei den positiv erfüllten BITV-Kriterien wird jedes einzeln benannt zusammen mit den Nummern dazu. Zudem werden die Seiten konkret aufgeführt, wo alles gut ist. Die Darstellungs-Formen sind dabei unterschiedlich – mal Text, mal Tabelle. Wir bevorzugen Tabellen, weil diese schön übersichtlich sind.

Im zweiten Block kommen die ungenutzten BITV-Kriterien. Ist eine Internet-Seite zum Beispiel frei von Videos, dann sind diese Regeln ungenutzt. Dinge, die ungenutzt sind, werden dennoch positiv gewertet. Sie sind damit frei von Regel-Verstößen. Ich sage da scherzhaft gerne: „Wer nichts macht, macht nichts verkehrt. Hier gibt es Punkte fürs Nichtstun."

Am Schluss kommt der große Block mit den schlecht umgesetzten BITV-Regeln. Im Grunde ist das eine mehr oder weniger große Fehlerliste. Barriere-Freiheit. Dort steht genau beschrieben, was noch geändert werden muss – und auch wo. Für die erste Übersicht haben wir hier auch wieder eine Tabelle gemacht. Dort stehen Prüf-Kriterien, Prüf-Nummern, Seitenzahlen und der Schwere-Grad von der Regel-Verletzung.

Nun kommt das, was beim Verstehen vom BITV-Prüfberichten das Wesentliche ist. Jede festgestellte Verletzung von einer BITV-Regel muss konkret begründet sein. Einleitend schreibe ich erst das zur BITV-Regel gehörende Erfüllungs-Merkmal. Auf diese Weise ist alles besser nachvollziehbar. Dann kommt ganz konkret, was an den einzelnen Seiten falsch gemacht wurde. Das erfolgt sehr detailliert mit ganz genauer Begründung. Wenn die Fehler auf verschiedenen Seiten stattfinden, setze ich gerne kleine Tabellen ein. Zur Unterstützung kommen hilfreiche Handlungs-Empfehlungen zu den gefundenen Abweichungen hinzu.

Bei unserem Beispiel hatte ich festgestellt, dass die Bilder unvollständig mit Alternativ-Texten hinterlegt sind. So fehlen zum Beispiel hörbare Texte bei manchen illustrierenden Fotos oder Logos. Meine Handlungs-Empfehlung dazu lautete: „Ergänzen Sie bitte die fehlenden Alternativ-Texte zu den Bildern. Tragen Sie die Alt-Texte sinnvoller Weise direkt am Bild in der Medien-Verwaltung ein."

Solche BITV-Berichte erhalten Sie üblicherweise, wenn ein Projekt zertifiziert werden soll. Aber Sie wissen ja schon, dass es das Zertifikat nur auf fehlerfreie Lösungen gibt. Die Berichte sind daher als entwicklungs-begleitende BITV-Tests mehr als sinnvoll. Nur so haben die IT-Schaffenden auch die Chance, die Fehler zu beheben. Und erst dann kann ein IT-Projekt zertifiziert werden als „Barrierefrei nach BITV".

Ich bin mir bewusst, dass Barriere-Freiheit nach BITV sehr viel Arbeit ist. Daher möchte Sie von Herzen an den großen Nutzen erinnern. Sie sind aktiver Mitgestalter von gelingender Inklusion und einer menschen-freundlichen digitalen Welt.

Also gehen Sie frohen Mutes an die Aufgabe heran!

Einladung zum Nachdenken und Umsetzen

Nun wissen Sie, wie so ein vorbereitender, entwicklungs-begleitender Prüfbericht sein sollte. Nach dieser Lektüre können Sie solche BITV-Prüfberichte hoffentlich beurteilen. Ich freue mich sehr, wenn ich es geschafft habe, Sie zu motivieren. Gehen Sie also diese große Aufgabe an. Umsetzung und Aktivität ist für Barriere-Freiheit das Wichtigste. Wenn Sie noch Probleme und Fragen dazu haben, helfe ich Ihnen gerne.

Schicken Sie mir eine E-Mail an: buch@heires.net

Raum für Ihre Notizen:

Wichtige Ansprechpartner für gelingende Inklusion

Beauftragte für Inklusion und Menschen mit Behinderungen

Auf Bundes- und Landes-Ebene

Gelingende Inklusion wird von unser Regierung zum Glück sehr wichtig genommen. Auf Bundes-Ebene gibt es daher einen übergeordneten Beauftragten für Inklusion. Diese Person ist Zuständiger für alle Belange von Menschen mit Behinderungen. Inklusions-Beauftragte oder Beauftragte für Menschen mit Behinderungen gibt es auch auf Landes-Ebene. Jedes Bundesland hat eigene Beauftragte für die Belange von Menschen mit Behinderungen. Sie dürfen sich gerne hilfesuchend an die zuständigen Beauftragten wenden.

- Bundes-Beauftragter
  Herr Jürgen Dusel
  Beauftragter der Bundesregierung für die Belange von Menschen mit Behinderungen
  Mauerstraße 53, 10117 Berlin, 030 221 911 006
  presse@behindertenbeauftragter.de
  https://www.behindertenbeauftragter.de/

- Land Baden-Württemberg
  Frau Simone Fischer
  Beauftragte der Landesregierung für die Belange von Menschen mit Behinderungen
  Else-Josenhans-Strasse 6, 70173 Stuttgart, 0711 279-3360
  poststelle@bfbmb.bwl.de

https://sozialministerium.baden-wuerttemberg.de/de/
ministerium/landes-behindertenbeauftragte/

- Land Bayern
  Herr Holger Kiesel
  Beauftragter für die Belange von Menschen mit Behinderung
  Winzerer Straße 9, 80797 München, 089 1261-2799
  Behindertenbeauftragter@stmas.bayern.de
  https://www.behindertenbeauftragter.bayern.de

- Land Berlin
  Frau Christine Braunert-Rümenapf
  Landesbeauftragte für Menschen mit Behinderungen
  Oranienstraße 106, 10969 Berlin, 030 9028-2918
  lfb@senias.berlin.de
  https://www.berlin.de/lb/behi/

- Land Brandenburg
  Frau Janny Armbruster
  Beauftragte der Landesregierung für die Belange der Menschen
  mit Behinderungen
  Potsdam, 0331 866-5014
  landesbehindertenbeauftragte@msgiv.brandenburg.de
  https://msgiv.brandenburg.de/msgiv/de/beauftragte/
  landesbehindertenbeauftragte/

- Land Bremen
  Herr Arne Frankenstein
  Landesbehindertenbeauftragter
  Teerhof 59 (Beluga-Gebäude), 28199 Bremen, 0421 361-18181
  office@lbb.bremen.de
  https://www.behindertenbeauftragter.bremen.de

- Land Hamburg
  Frau Ulrike Kloiber

Senatskoordinatorin für die Gleichstellung von Menschen mit Behinderungen
Osterbekstraße 96, 22083 Hamburg, 040 42863-5725
behindertenbeauftragte@bwfgb.hamburg.de
https://www.hamburg.de/skbm/

- Land Hessen
Frau Rika Esser
Landesbeauftragte für Menschen mit Behinderungen
Postfach 3140, 65021 Wiesbaden
LBB@hsm.hessen.de
https://soziales.hessen.de/ueber-uns/
beauftragte-fuer-menschen-mit-behinderungen

- Land Mecklenburg-Vorpommern
Herr Matthias Crone
Bürgerbeauftragter
Schloßstraße 8, 19053 Schwerin, 0385 525-2709
post@buergerbeauftragter-mv.de'
https://www.buergerbeauftragter-mv.de/

- Land Niedersachsen
Frau Petra Wontorra
Landesbeauftragte für Menschen mit Behinderungen
Postfach 141, 30001 Hannover, 0511 120-4007
landesbeauftragte@ms.niedersachsen.de
https://www.behindertenbeauftragte-niedersachsen.de/DE/
Home/home_node.html

- Land Nordrhein-Westfalen
Frau Claudia Middendorf
Beauftragte für Menschen mit Behinderungen
Fürstenwall 25, 40219 Düsseldorf, 0211 855-3008
kontakt@lbbp.nrw.de
https://www.lbbp.nrw.de

- Land Rheinland-Pfalz
  Herr Matthias Rösch
  Der Landesbeauftragte für die Belange von Menschen mit Behinderungen
  Bauhofstraße 9, 55116 Mainz, 06131 165342
  lb@mastd.rlp.de
  https://inklusion.rlp.de/de/landesbeauftragter-landesteilhabebeirat

- Land Saarland
  Herr Prof. Dr. Daniel Bieber
  Beauftragter für die Belange von Menschen mit Behinderungen
  Franz-Josef-Röder-Straße 7, 66119 Saarbrücken, 0681 5002-545
  d.bieber@landtag-saar.de
  https://www.landtag-saar.de/landtag/beauftragter-fur-belange-von-menschen-mit-behinderungen/

- Land Sachsen
  Herr Michael Welsch
  Landesbeauftragter für Inklusion der Menschen mit Behinderungen
  Archivstraße 1, 01097 Dresden, 0351 564-10715
  info.inklusionsbeauftragter@sk.sachsen.de
  https://www.sk.sachsen.de/landesinklusionsbeauftragter.html

- Land Sachsen-Anhalt
  Herr Dr. Christian Walbrach
  Behindertenbeauftragter der Landesregierung
  Turmschanzenstraße 25, 39114 Magdeburg, 0391 567-4564
  behindertenbeauftragter@ms.sachsen-anhalt.de
  https://behindertenbeauftragter.sachsen-anhalt.de/

- Land Schleswig-Holstein
  Frau Michaela Pries
  Landesbeauftragte für Menschen mit Behinderung
  Karolinenweg 1, 24105 Kiel, 0431 988-1620

lb@landtag.ltsh.de
https://www.landtag.ltsh.de/beauftragte/beauftragte-men/

- Land Thüringen
Herr Joachim Leibiger
Landesbeauftragter für Menschen mit Behinderungen
Hässlerstraße 6, 99096 Erfurt, 0361 573-118000
kontakt@tlmb.thueringen.de
https://www.tlmb-thueringen.de

Städtische Inklusions-Beauftragte

Gelingende Inklusion geschieht lokal und Vorort direkt von Mensch zu Mensch. Gerade größere Städte nehmen das Thema Inklusion sehr wichtig. Daher haben größere Städte meistens auch Beauftragte für Menschen mit Behinderungen oder Inklusionsbeauftragte. Diese sind direkte Ansprechpartner für die betroffenen Menschen. Sie sind häufig auch zuständig für die Umsetzung von Barriere-Freiheit. Dabei übernehmen sie koordinierende und beratende Funktion. Ähnlich Aufgaben übernehmen teilweise auch die städtischen Integrationsämter.

Hier finden Sie die Integrationsbeauftragten der größten deutschen Städte. Diese können Ihnen am besten weiter helfen in Fragen von gelingender Inklusion.

- Berlin (Bundesland Berlin)
Einwohner: 3.664 Tausend Menschen
Frau Christine Braunert-Rümenapf
Landesbeauftragte für Menschen mit Behinderungen
Oranienstraße 106, 10969 Berlin, 030 9028-2918
https://www.berlin.de/lb/behi/

- Hamburg (Bundesland Hamburg)
Einwohner: 1.852 Tausend Menschen

Frau Ulrike Kloiber
Senatskoordinatorin für die Gleichstellung von Menschen mit Behinderungen
https://www.hamburg.de/skbm/

- München (Bundesland Bayern)
  Einwohner: 1.488 Tausend Menschen
  Herr Oswald Utz
  Ehrenamtlichen Behindertenbeauftragter
  https://bb-m.info/

- Köln (Bundesland Nordrhein-Westfalen)
  Einwohner: 1.083 Tausend Menschen
  Frau Mirjam Tomše
  Behindertenbeauftragte Dezernat Soziales, Integration und Umwelt
  https://www.stadt-koeln.de/service/adressen/01225/index.html

- Frankfurt am Main (Bundesland Hessen)
  Einwohner: 764 Tausend Menschen
  Herr Sören Schmidt
  Behindertenbeauftragter
  https://frankfurt.de/

- Stuttgart (Bundesland Baden-Württemberg)
  Einwohner: 630 Tausend Menschen
  Frau Irina Lackner
  Beauftragte für die Belange von Menschen mit Behinderung
  https://www.stuttgart.de/vv/verwaltungseinheit/beauftragte-fuer-die-belange-von-menschen-mit-behinderung.php

- Düsseldorf (Bundesland Nordrhein-Westfalen)
  Einwohner: 620 Tausend Menschen
  Frau Martina Skender
  Geschäftsstelle des Behindertenbeirats
  https://www.duesseldorf.de/behindertenrat.html

- Leipzig (Bundesland Sachsen)
Einwohner: 597 Tausend Menschen
Frau Kerstin Baldin
Beauftragte für Menschen mit Behinderungen
https://www.leipzig.de/buergerservice-und-verwaltung/

- Dortmund (Bundesland Nordrhein-Westfalen)
Einwohner: 587 Tausend Menschen
Frau Kathrin Rasche
Behindertenbeauftragte
https://www.dortmund.de/de/leben_in_dortmund/

- Essen (Bundesland Nordrhein-Westfalen)
Einwohner: 582 Tausend
Herr Gregor Hüsken
MenschenBehindertenkoordinator im Amt für Soziales und Wohnen
https://service.essen.de/detail/-/vr-bis-detail/mitarbeiter/26852/show

- Bremen (Bundesland Bremen)
Einwohner: 566 Tausend Menschen
Herr Arne Frankenstein
Landesbehindertenbeauftragter
https://www.behindertenbeauftragter.bremen.de/

- Dresden (Bundesland Sachsen)
Einwohner: 556 Tausend Menschen
Frau Manuela Scharf
Beauftragte für Menschen mit Behinderungen und Senior/innen
www.dresden.de/de/leben/gesellschaft/behinderung/beauftragte.php

- Hannover (Bundesland Nieder-Sachsen)
Einwohner: 534 Tausend Menschen
Frau Andrea Hammann
Beauftragte für Menschen mit Behinderung

- Nürnberg (Bundesland Bayern)
  Einwohner: 515 Tausend Menschen
  Frau Nina Brötzmann
  Inklusionsbeauftragte
  https://www.nuernberg.de/internet/sozialamt/
  inklusionsbeauftragte.html

- Duisburg (Bundesland Nordrhein-Westfalen)
  Einwohner: 495 Tausend Menschen
  Frau Nicole Seyffert
  Inklusionsbeauftragte
  https://www.dortmund.de

- Bochum (Bundesland Nordrhein-Westfalen)
  Einwohner: 364 Tausend Menschen
  Frau Ulrike Salomon-Faust
  Inklusionsbeauftragte

- Wuppertal (Bundesland Nordrhein-Westfalen)
  Einwohner: 355 Tausend Menschen
  Frau Sandra Heinen
  Behindertenbeauftragte
  https://www.wuppertal.de/vv/produkte/201/
  201.PB_Behindertenbeauftragte2.php

- Bielefeld (Bundesland Nordrhein-Westfalen)
  Einwohner: 333 Tausend Menschen
  Frau Patrizia Wonderschütz
  Amt für soziale Leistungen -Teilhabeberatung -
  https://www.bielefeld.de/node/6025

- Bonn (Bundesland Nordrhein-Westfalen)
  Einwohner: 330 Tausend Menschen
  Frau Gleich
  Stabsstelle Gesundheitsförderung

https://www.bonn.de/vv/produkte/
Beratung-fuer-Menschen-mit-Behinderung.php

- Münster (Bundesland Nordrhein-Westfalen)
  Einwohner: 316 Tausend Menschen
  Frau Doris Rüter
  Beauftragte für Menschen mit Behinderung
  https://www.stadt-muenster.de/sozialamt/
  menschen-mit-behinderungen

- Mannheim (Bundesland Baden-Württemberg)
  Einwohner: 309 Tausend Menschen
  Frau Ursula Frenz
  Die Beauftragte für die Belange von Menschen mit Behinderung
  https://www.mannheim.de/de/service-bieten/menschen-mit-
  behinderung/beauftragte-fuer-menschen-mit-behinderungen

- Karlsruhe (Bundesland Baden-Württemberg)
  Einwohner: 308 Tausend Menschen
  Frau Ulrike Wernert
  Kommunale Behindertenbeauftragte
  https://www.karlsruhe.de/b3/soziales/personengruppen/
  behinderte/interessenvertretung/
  kommunalebehindertenbeauftragte.de

- Augsburg (Bundesland Bayern)
  Einwohner: 295 Tausend Menschen
  Frau Talio
  Behindertenbeirat
  https://www.augsburg.de/buergerservice-rathaus/rathaus/
  beiraete/behindertenbeirat

- Wiesbaden (Bundesland Hessen)
  Einwohner: 278 Tausend Menschen
  Herr Ulrich Wunderlich
  Eingliederungshilfe und Teilhabe

https://soziales.hessen.de/ueber-uns/
beauftragte-fuer-menschen-mit-behinderungen

- Mönchengladbach (Bundesland Nordrhein-Westfalen)
  Einwohner: 259 Tausend Menschen
  Frau Ingrid Icking
  Inklusionsbeauftragte
  https://www.moenchengladbach.de

- Gelsenkirchen (Bundesland Nordrhein-Westfalen)
  Einwohner: 259 Tausend Menschen
  Herr Julius Leberl
  Senioren- und Behindertenbeauftragter
  https://www.gelsenkirchen.de

- Aachen (Bundesland Nordrhein-Westfalen)
  Einwohner: 248 Tausend Menschen
  Frau Jansen
  Behindertenbeauftragte
  https://serviceportal.aachen.de/suche/-/vr-bis-detail/
  einrichtung/44818/show

- Braunschweig (Bundesland Nieder-Sachsen)
  Einwohner: 248 Tausend Menschen
  Herr Heinz Kaiser
  Behindertenbeirat
  https://www.braunschweig.de/leben/frauen/gesundheit/
  beeintraechtigung.php

- Kiel (Bundesland Schleswig-Holstein)
  Einwohner: 246 Tausend Menschen
  Herr Michael Völker
  Behindertenbeirat
  https://www.landtag.ltsh.de/chem

- Chemnitz (Bundesland Sachsen)
  Einwohner: 244 Tausend Menschen
  Frau Petra Liebetrau
  Behindertenbeauftragte
  https://www.chemnitz.de/chemnitz/de/leben-in-chemnitz/
  menschen-mit-behinderung/index.html

- Halle (Bundesland Sachsen-Anhalt)
  Einwohner: 237 Tausend Menschen
  Herr Dr. Fischer
  Behindertenbeauftragter
  https://www.halle.de/de/Verwaltung/Verwaltungsorganisation/
  Geschaeftsbereich-Ob-05840/DLZ-Integration-und-08825

- Magdeburg (Bundesland Sachsen-Anhalt)
  Einwohner: 235 Tausend Menschen
  Frau Tanja Pasewald
  Behindertenbeauftragte
  https://www.magdeburg.de

- Freiburg (Bundesland Baden-Württemberg)
  Einwohner: 230 Tausend Menschen
  Frau Daniela Schmid
  Beauftragte und Beirat für Menschen mit Behinderung
  https://www.mainz.de/verwaltung-und-politik/
  beiraete-beauftragte/
  Beauftragter fuer Belange-von-Menschen-mit-behinderung.php

- Krefeld (Bundesland Nordrhein-Westfalen)
  Einwohner: 226 Tausend Menschen
  Frau Silvia Jagd
  Hilfen für Menschen mit Behinderungen
  https://www.krefeld.de/de/soziales/abteilung-hilfen-fuer-
  menschen-mit-behinderungen-und-unterhaltssicherung/

- Mainz (Bundesland Rheinland-Pfalz)
  Einwohner: 217 Tausend Menschen
  Herr Bernd Quick
  Beauftragter für die Belange von Menschen mit Behinderung

- Lübeck (Bundesland Schleswig-Holstein)
  Einwohner: 215 Tausend Menschen
  Herr Heiko Fettköther
  Behindertenbeirat
  https://www.landtag.ltsh.de/beauftragte/beauftragte-men/

- Erfurt (Bundesland Thüringen)
  Einwohner: 213 Tausend Menschen
  Frau Hettstedt
  Kommunale Beauftragte für Menschen mit Behinderunge
  https://www.erfurt.de/ef/de/rathaus/sv/aemter/stelle-380.htmc

- Oberhausen (Bundesland Nordrhein-Westfalen)
  Einwohner: 209 Tausend Menschen
  Frau Andrea Kreischer
  Bereich Chancengleichheit Inklusion
  https://www.oberhausen.de/menschen-mit-behinderung

- Rostock (Bundesland Mecklenburg-Vorpommern)
  Einwohner: 209 Tausend Menschen
  Frau Petra Kröger
  Behindertenbeauftrage
  http://behindertenbeirat-rostock.de/?page_id=118

- Kassel (Bundesland Hessen)
  Einwohner: 201 Tausend Menschen
  Frau Selina Vier
  Behindertenbeirat
  https://www.kassel.de/behindertenbeirat

- Hagen (Bundesland Nordrhein-Westfalen)
  Einwohner: 188 Tausend Menschen
  Frau Gleiß
  Behindertenbeirat
  https://www.hagen.de/web/de/fachbereiche/fb_55/fb_55_03/
  fb_55_0302/Beirat_fuer_Menschen_mit_Behinderung.html

- Potsdam (Bundesland Brandenburg)
  Einwohner: 180 Tausend Menschen
  Frau Dr. Tina Denninger
  Beauftragte für Menschen mit Behinderung
  https://www.potsdam.de/
  beauftragte-fuer-menschen-mit-behinderung

- Saarbrücken (Bundesland Saarland)
  Einwohner: 179 Tausend Menschen
  Frau Katrin Kühn
  Behindertenbeauftragte
  https://www.saarbruecken.de/leben_in_saarbruecken/
  familie_und_soziales/barrierefreies_saarbruecken/
  behindertenbeauftragte

- Schwerin (Bundesland Saarland)
  Einwohner: 179 Tausend Menschen
  Frau Ines Hennings
  Beauftragte für Behinderte und Senioren
  https://www.schwerin.de/politik-verwaltung/stadtverwaltung/
  verwaltungsstruktur/page/

Die größten deutschen Firmen und ihre Inklusionsbeauftragten als Ansprechpartner

Für Unternehmen ist gelingende Inklusion ein Gewinn. Diese Unternehmen sind oft sehr divers mit vielfältigen Mitarbeitern.

Unternehmen mit vielen tausenden Mitarbeitern müssen das Thema Inklusion besonders beachten. Sie haben auch häufig Menschen mit Behinderungen als wertgeschätzte Mitarbeiter. Um die Belange von Menschen mit Behinderungen kümmern sich dort zumeist Inklusionsbeauftragte.

Hier finden Sie die größten deutschen Unternehmen mit den meisten Mitarbeitern. Sie engagieren sich oft sehr transparent für Diversität und Menschen mit Einschränkungen. In großen Unternehmen sind entsprechende Beauftragte die ersten Ansprechpartner für Betroffene.

- Edeka-Gruppe (ca. 376 Tausend Mitarbeiter)

- Volkswagen AG (ca. 276 Tausend Mitarbeiter)

- Deutsche Bahn AG (ca. 196 Tausend Mitarbeiter)

- REWE Gruppe (ca. 178 Tausend Mitarbeiter)

- Daimler AG (ca. 174 Tausend Mitarbeiter)

- Schwarz-Gruppe (ca. 150 Tausend Mitarbeiter)

- Deutsche Post AG (ca. 145 Tausend Mitarbeiter)

- Robert Bosch GmbH (ca. 139 Tausend Mitarbeiter)

- Siemens AG (ca. 110 Tausend Mitarbeiter)

- Deutsche Telekom (ca. 98 Tausend Mitarbeiter)

- INA Holding Schäfler GmbH & Co KG (ca. 96 Tausend Mitarbeiter)

- Bayrische Motoren Werke AG (ca. 92 Tausend Mitarbeiter)

- Fresenius SE & Co KG (ca. 88 Tausend Mitarbeiter)

- Aldi Gruppe (ca. 82 Tausend Tausend Mitarbeiter)

- Deutsche Lufthansa AG (ca. 72 Tausend Mitarbeiter)

- Thyssen Krupp AG (ca. 62 Tausend Mitarbeiter)

- BASF SE (ca. 53 Tausend Mitarbeiter)

- ZF Friedrichshafen AG (ca. 50 Tausend Mitarbeiter)

- AVECO Holding AG (ca. 49 Tausend Mitarbeiter)

- Airbus Gruppe Deutschland (ca. 45 Tausend Mitarbeiter)

- Rethmann SE & Co KG (ca. 44 Tausend Mitarbeiter)

- Deutsche Bank AG (ca. 41 Tausend Mitarbeiter)

- Allianz SE (ca. 37 Tausend Mitarbeiter)

- Berthelsmann SE & Co KG (ca. 36 Tausend Mitarbeiter)

- Asklepios Kliniken GmbH & Co. KG (ca. 35 Tausend Mitarbeiter)

- Bayer AG (ca. 32 Tausend Mitarbeiter)

- Commerzbank AG (ca. 31 Tausend Mitarbeiter)

- Otto Group (ca. 29 Tausend Mitarbeiter)

- Strabag Gruppe Deutschland (ca. 29 Tausend Mitarbeiter)

- DZ Bank (ca. 27 Tausend Mitarbeiter)

- dm drogerie markt Verwaltungs GmbH (ca. 25 Tausend Mitarbeiter)

- Ford Gruppe Deutschland (ca. 24 Tausend Mitarbeiter)

- Ceconomy AG (ca. 24 Tausend Mitarbeiter)

- Sana Kliniken (ca. 23 Tausend Mitarbeiter)

- Adolf Würth GmbH & Co KG (ca. 23 Tausend Mitarbeiter)

- DEKRA SE (ca. 22 Tausend Mitarbeiter)

- SAP SE (ca. 21 Tausend Mitarbeiter)

- HGV GmbH (ca. 20 Tausend Mitarbeiter)

Wichtige Verbände für Menschen mit Behinderungen und Einschränkungen

Besonders für Betroffene gibt es viele Verbände und Organisationen. Diese setzen sich für Interessen und Rechte von Menschen mit Einschränkungen ein. Sie beraten aber auch aktiv, wenn ein betroffener Mensch Probleme hat. Wenn Sie Hilfe benötigen, wenden Sie sich an diese Verbände und Vereine. Eine aktive Vernetzung mit diesen Organisationen ist zudem sinnvoll. Gemeinsam erreichen wir für alle Menschen das Ziel von gelingende Inklusion wirksamer.

- ABiD - Allgemeiner Behindertenverband in Deutschland e.V.
  Berlin, 030 27 59 34 30
  http://www.abid-ev.de

- BAG Selbsthilfe e.V.
  Köln, 0211 31006 0
  http://www.bag-selbsthilfe.de

- Behindertenverband Leipzig e.V.
  Leipzig, 0341 3065 120
  https://behindertenverband-leipzig.de

- Bundesarbeitsgemeinschaft Werkstätten für behinderte Menschen (BAG WfbM)
  Frankfurt am Main, 069 94 33 94 0
  http://www.bagwfbm.de

- Bundesverband für körper- und mehrfachbehinderte Menschen e.V.
  Düsseldorf, 0211 64004 0
  http://www.bvkm.de

- Bundesverband Selbsthilfe Körperbehinderter e.V.
  Krautheim, 06294 42810
  https://www.bsk-ev.org

- Caritas Behindertenhilfe und Psychiatrie e.V.
  Berlin, 03028 4447 822
  http://www.cbp.caritas.de/

- Der Paritätische Gesamtverband
  Berlin, 030 24636 0
  https://www.der-paritaetische.de

- Deutsche Multiple Sklerose Gesellschaft, Bundesverband e.V.
  Hannover, 0511 968 340
  https://www.dmsg.de/

- Deutsche Rheuma-Liga Bundesverband e.V.
  Bonn, 0228 7660 60
  https://www.rheuma-liga.de/

- Deutscher Behindertensportverband (DBS) e.V.
  Frechen-Buschbell, 02234 6000 0
  https://www.dbs-npc.de

- Deutscher Blinden- und Sehbehindertenverband e.V. (DBSV)
  Berlin, 030 2853870
  https://www.dbsv.org

- Fördergemeinschaft der Querschnittgelähmten in Deutschland e.V. (FGQ)
  Lobbach, 06226 960 211
  http://www.fgq.de

- Sozialverband Deutschland e.V.
  Berlin, 030 7262 220
  https://www.sovd.de

- Sozialverband VdK Deutschland e.V.
  Berlin, 030 9210580 0
  https://www.vdk.de

- Sozialverband VdK Sachsen e.V.
  Chemnitz, 00371 3340 0
  https://www.vdk.de/sachsen

- Stiftung MyHandicap gGmbH
  München, 089 2500 61872
  https://www.enableme.de

Links und Quellen

Weiterführende Webseiten von der Autorin
Meine Webseite als Persönlichkeit und Experte für Barriere-Freiheit
www.peggy-reuter-heinrich.net

Leistungen zu Barriere-Freiheit von der IT-Experten-Firma HeiReS
www.heires.net/barrierefreiheit

Gelingenden Inklusion mit der gemeinnützigen IT hilft gGmbH
www.it-hilft.de/barrierefreiheit

Quellen-Angaben
Meine Online-Weiterbildung „Barriere-Freiheit in und mit IT"
www.heires.net/onlinekurs-barrierefreiheit

Mein Kindle Buch „UX, Usability und UI-Design für die
Windows-Plattform"
www.heires.net/ux-buch-windows-platform

Die BITV-Test-Plattform für kostenpflichtigen Zertifizierung
www.bitvtest.de

Leichte Sprache vom Bundes-Ministerium für Arbeit und Soziales
www.BMAS.de

Das neues Gesetz für Barriere-Freiheit – ebenfalls BMAS
www.bmas.de/DE/Service/Gesetze-und-Gesetzesvorhaben/
barrierefreiheitsstaerkungsgesetz.html

Der European Accessibility Act von der EU (auf Englisch)
ec.europa.eu/social/main.jsp?catId=1202

Gemeinsam für gelingende Inklusion

Direktes Miteinander mit der Autorin

Kontaktieren Sie mich gerne direkt!
Auf verschiedenen Kanälen bin ich mit Leidenschaft für digitale Barriere-Freiheit aktiv. Vielleicht hören, lesen oder sehen wir uns mal. Sehr einfach finden Sie mich über meinen Namen Peggy Reuter-Heinrich. Auf diesen sozialen Plattformen bin ich vertreten: Instagram, Facebook, LinkedIn, XING sowie YouTube. Zum aktiven Austausch habe ich auch Gruppen zum Thema Barriere-Freiheit gegründet. Regelmäßig veranstalte ich auch kostenlose Video-Konferenzen zum Thema Barriere-Freiheit. Sie finden den Link dazu über Facebook, LinkedIn und meine Internet-Seite. Auch dazu lade ich Sie herzlich ein. Dann können wir uns ganz direkt über Barriere-Freiheit austauschen. Schreiben Sie mir eine Mail: buch@heires.net
www.peggy-reuter-heinrich.net

Anregende Impuls-Vorträge zu digitaler Inklusion
Viele Menschen wünschen sich gelingende Inklusion, aber vergessen dabei die digitale Welt. Das bedeutet Exklusion statt Inklusion, weil digitale Teilhabe verhindert wird. Inklusion auch im Digitalen gelingt nur, wenn viele Menschen davon überzeugt sind. Vorträge vor einem größeren Publikum können dazu aktiv beitragen. Meine Vorträge sind digital per Video möglich oder direkt auf Ihrer Veranstaltung. Übernehmen Sie gesellschaftliche Verantwortung und gönnen Sie Ihrem Publikum etwas Besonderes. Buchen Sie mich für einen besonderen Vortrag, der Inklusion und IT inspirierend verbindet. Mit Hirn, Herz und Humor bieten meine Impuls-Vorträge Anstoß zum Nachdenken und Handeln.
www.peggy-reuter-heinrich.net/vortraege

Möglichkeiten für mehr Barriere-Freiheit

Das Buch „Digitale Barriere-Freiheit für alle!"

Unser Sachbuch ist der perfekte Alltagsbegleiter und liefert Anregungen zum direkten Handeln. So können Sie gelingende Inklusion im digitalen Leben aktiv mitgestalten. In 220 Seiten erhalten Sie inspirierende Denk-Anstöße, tiefes Wissen und wertvolle Tipps. Das Buch ist von der Autorin Peggy Reuter-Heinrich bewusst in Leichter Sprache geschrieben. So sind die eher komplexen Themen IT und Inklusion leicht verständlich. Sie erfahren darin, wie Sie aktiv Teilhabe auch an Ihren digitalen Lösungen umsetzen können. Bei Teilhabe für alle Menschen ist nämlich ein Menschen-Recht. Das gilt auch für das digitale Leben. Gönnen Sie sich und anderen diesen inspirierenden Einstieg in ein so wichtiges Thema. Als Leser von diesem Buch erfragen Sie bitte den Rabatt für Nach-Bestellungen über:
buch@heires.net
www.heires.net/buch-barrierefreiheit

Online-Weiterbildung „Barrierefreiheit in und mit IT"

Erschließen Sie wichtiges neues Fach-Wissen komfortabel, zeitgemäß und einfach. Das Themenfeld „Barriere-Freiheit in und mit IT" ist besonders wichtig für Unternehmen und IT-Schaffende. Das gewonnene Wissen verschafft Ihnen den nötigen Vorsprung für die Zukunft. Schon jetzt hat die Europäische Union die Anforderung von Barrierefreiheit für alle Produkte angekündigt. Wer Barriere-Freiheit in seiner IT-Lösungen ignoriert, hat ab 2025 das Nachsehen. Wenn Sie sich mit digitaler Barriere-Freiheit befassen müssen, ist diese Weiterbildung genau richtig. Sie lernen dieses wichtige Fachwissen komfortabel und in Ihrem Tempo. Der Kurs hilft Ihnen Behinderungen sowie den gesamten Inklusions-Kontext verstehen. Auch wie man Barriere-Freiheit in IT-Lösungen umsetzen kann werden Sie lernen. Erlernen Sie Leichte Sprache

als Grundlage für barrierefreie digitale Inhalte. Erfahren Sie, wie Sie die BITV-Kriterien in Ihrer IT-Lösung konkret umsetzen. Und lernen Sie, wie Sie eine BITV-Prüfung für sich selber durchführen und BITV-Bericht verstehen. Sie schließen diesen Kurs nach interaktiven Tests mit einer Urkunde zur erfolgreichen Teilnahme ab. Beschäftigen Sie sich zeitnah und zielorientiert mit Barriere-Freiheit in IT. Eignen Sie sich zeitnah dieses wichtige Wissen an und übernehmen Sie soziale Verantwortung. Als Leser dieses Buches erfragen Sie bitte den Rabatt für den Online-Kurs über: buch@heires.net
www.heires.net/onlinekurs-barrierefreiheit
www.it-hilft.de/onlinekurs_barrierefreiheit

Texte in Leichter Sprache für optimales Verstehen

Lange Sätze, schwierige Wörter oder Anglizismen machen Alltagstexte oft schwer verständlich. Alle Menschen sollten aber selbstbestimmt am gesellschaftlichen Leben teilhaben können. Das ist ihr weltweites Grundrecht als Mensch nach UN-Konvention. Mit barrierefreier „Leichter Sprache" erreicht Ihr Text auch Menschen mit Einschränkungen. Texte in Barrierefreier Leichter Sprache sind auch ein Gewinn für alle Menschen, da sie verständlich sind. Unternehmen erreichen damit eine größere Zielgruppe und alle die Botschaft wird besser verstanden. Leichte Sprache für Internet-Seiten wird nötig, wenn diese BITV 2.0 erfüllen müssen. Leichte Sprache gehört nämlich auch zu den Vorgaben nach der Barrierefreien Informations-Technik-Verordnung. Nutzen von Erfahrung geprägte Dienst-Leistung bei Leichter Sprache. Unser Wissen in Leichter Sprache ist mit Zertifikat belegt. Ein Beleg ist auch dieses Buch, was nach den wesentlichen Regeln geschrieben ist. Wir übersetzen Texte in Leichte Sprache oder schreiben sie als freie Texte. Fragen Sie uns gerne an, wenn Sie Hilfe brauchen.
www.heires.net/leichte-sprache
www.it-hilft.de/leichte-sprache

Ansprechende barrierefreie Erklär-Videos

Unser Alltag wird immer komplexer und die Informations-Flut überfordert viele Menschen. Erklär-Videos sind der ideale Weg, komplexe Inhalte einfacher zu vermitteln. Sie erreichen neue Zielgruppen und Ihre komplexen Themen werden endlich verstanden. Durch entsprechend gestaltete Erklär-Videos ermöglichen Sie mehr Menschen eine bessere Teilhabe an wichtigen Themen. Sie transportieren Ihre Botschaft einfach, bildhaft, barrierefrei und sprachvertont an Ihre Zielgruppe.

Solche Erklär-Videos sind deshalb gut für Sie und Ihre Zielgruppe, da Sie endlich verstanden werden. Sind Erklär-Videos richtig umgesetzt, erfüllen Sie mit barrierefreien Videos sogar wichtige BITV-Vorgaben. Wir haben schon ein viele Erklär-Videos gemacht und damit viel Erfahrung. Sie erhalten von uns eine fertige Video-Datei, die Sie sofort einsetzen könne. Das ist vollkommen stressfrei für Sie und zudem kostengünstig.

www.heires.net/erklaervideos

www.it-hilft.de/erklaervideos

Professionelle BITV-Tests geben Sicherheit

Nach der weltweiten Menschenrechts-Konvention müssen digitale Lösungen auch durch Menschen mit Behinderungen nutzbar sein. Die Anforderung nach Zugänglichkeit gilt für Internet-Seiten, Apps oder Software, aber auch PDFs und Medien. Dafür digitale Barriere-Freiheit müssen die BITV-Vorgaben eingehalten werden. Ein BITV-Test mitsamt Bericht bietet Ihnen Sicherheit für Ihre digitalen Lösungen. Dann hilft Ihnen ein entwicklungs-begleitende BITV-Test mitsamt Bericht vom Experten weiter. Effizient, zügig und günstig führen wir diesen entlang aller 98-BITV-Kriterien für Sie durch. Ein verständlicher professioneller Prüfbericht zeigt Probleme auf und gibt Hilfestellung.

Sie erhalten konkrete Handlungs-Empfehlungen auf Basis von Fachwissen und Erfahrung. Zeigen Sie Ihren Auftrag-Gebern durch

BITV-Konformität, dass Inklusion umsetzbar ist. Übernehmen Sie Verantwortung für die Barriere-Freiheit von Ihrer IT mit unserer Hilfe. BITV-Tests mit Bericht führen wir zügig, kostengünstig und pragmatisch für Sie durch. So bewältigen Sie Ihrem Weg zu gesetzeskonformer Barriere-Freiheit mit Leichtigkeit.
www.heires.net/bitv-pre-tests
www.it-hilft.de/bitv-pre-tests

Wir machen PDFs BITV-konform barrierefrei

Beim Gedanken an PDFs hat man eher Ableitungen von Druck-sachen im Kopf. Aber auch PDFs sind ganz normale digitale Lösungen – sowie Internet-Seiten oder Apps. Daher müssen auch PDFs barrierefrei gestaltet und umgesetzt werden. Nur so können Sie von allen Menschen genutzt werden – als umgesetztes Menschen-Recht. Barrierefreie PDFs sind für die öffentliche Hand übrigens schon seit 2019 verpflichtend. Für die Privat-Wirtschaft wird die Anforderung schneller kommen als vermutet. Als erfahrene Medien-Gestalter beherrschen wir entsprechende Gestaltung und Umsetzung auch beim PDF-Format. Bei der barrierefreien Umarbeitung von Ihren PDFs können wir Sie gerne unterstützen.
www.heires.net/barrierefreie-pdfs

2-Tages Seminar „Barriere-Freiheit nach BITV"

Viele Internet-Seiten oder mobilen Anwendungen sollen mittler-weile barrierefrei werden. Oft fehlt es aber an benötigen fundiertes Wissen zum Thema Barriere-Freiheit nach BITV auch bei den IT-Schaffenden. In einem praxisnahen 2-Tages-Seminar gewinnen Sie den Wissens-Vorsprung in Sachen Barriere-Freiheit. Sie erhalten theoretisches Grundlagen-Wissen und praktische Hilfe entlang Ihrer individuellen Probleme. Lösungs-orientiert und nah an Ihrem eigenen Bedarf erschließen Sie so das Thema im

Ganzen. Diese Schulung führe ich persönlich mit Leidenschaft und Fachwissen durch. In einer Mischung aus Theorie mit praktischer Umsetzung lernen Sie leicht. Sie erhalten Wissen, wie Sie Ihre IT-Projekte barrierefrei gestalten, entwickeln und prüfen. Neben dem Wissens-Gewinn erhalten Sie auch viele weiter-verwendbare Ergebnisse.
www.heires.net/2-tages-training-barrierefreiheit

Experten-Leistung in Design und Entwicklung

Oft ist eine individuelle Beratung zu Barriere-Freiheit für IT-Projekten nötig für das Gelingen. Professionelle Leistungen in inklusivem Design oder barrierefreier Entwicklung verhelfen ebenso zu Barriere-Freiheit. Gern unterstützen wir Sie in jedem betroffenen Bereich von Ihrem Entwicklungs-Prozess.
Wir beraten Sie zu Anforderungs-Formulierungen und ganz-heitlicher UX-Konzeption. Wir prüfen und bewerten nach BITV - von Prototypen bis zu vorhandener Software. Wir helfen bei der Umsetzung von Barriere-Freiheit und etablieren mit Ihnen Standards. Wir liefern ein BITV-konformes inklusives UI-Design, das auch attraktiv und modern ist. Und wir entwickeln konsequent barrierefrei für alle Plattformen, wenn gewünscht. Damit werden Ihre Produkte standard-konform barrierefrei in Design und Entwicklung.
Damit erlangen Sie Rund-Um-Möglichkeiten für Ihre barriere-freien digitalen Projekte. Wir beraten Sie gerne kostenfrei in einem ersten Gespräch.
www.heires.net/ux-design
www.heires.net/development

Chance für große Vorhaben mit ConDiSys

Immer mehr müssen große IT-Lösungen mittlerweile auch barrierefrei angeboten werden. Bei großen IT-Vorhaben ist die

geforderte Barriere-Freiheit eine echte Herausforderung.
Ein sogenanntes System, welches Barriere-Freiheit nahezu
automatisch ermöglicht, wäre da genau das Richtige. Es gibt leider
aber nur wenige Content-Management-Systeme, die das können.
Unser ConDiSys bietet schon jetzt viele Möglichkeiten auch in
Richtung Barriere-Freiheit. Es zielt alle digitalen Plattformen ab:
Internet-Seiten, Profi-Software und mobile Apps. Eine ganzheitliche Barriere-Freiheit nach allen 98 BITV-Regeln ist eine große
Aufgabe. Daran arbeiten wir kontinuierlich weiter und verbessern
es stetig hin zu Ziel. Wenn Sie ein großes IT-Vorhaben haben, das
barrierefrei sein soll, dann passt ConDiSys. Unsere Lösung ist
einfach in der Nutzung, effizient in den Kosten und mehrsprachig
im Ergebnis. Sie ist universell auf vielfältige Szenarien von Unternehmen und Verwaltung übertragbar. Wir möchten gemeinsamen
mit Ihnen die IT-Welt barrierefreier machen. Schauen Sie doch
mal rein und kontaktieren Sie uns.
www.heires.net/condisys

Zum guten Schluss

Über meine Erfahrung zu Barriere-Freiheit und über mich als Mensch und Unternehmer

Von Beruf und Berufung bin ich UX-Designer – also Gestalter aus tiefem Herzen. Als UX-Designer gestalte ich digitale Lösungen wie Internet-Seiten und Software. Ich liebe meinen Beruf. Bei mir ist Gestaltung und Design ein echtes Lebens-Motto. Daher sage ich öfter mal scherzhaft: „Design oder Nicht-Sein." Ich habe über mehr als 30 Jahre Erfahrung als Gestalter in unzähligen Projekten.

Seit 1990 habe ich an den verschiedensten Projekten gearbeitet. Anfangs Drucksachen, Internet-Seiten und Multimedia-Anwendungen mit Animationen, dann auch Oberflächen von professionellen Software-Lösungen für Windows Computer. Mit dem Aufkommen von Smartphones in 2010 habe ich zudem mobile Apps gestaltet. Nun kümmere ich mich um barrierefrei ausgestaltete Internet-Seiten, Software und Apps. Barriere-Freiheit ist auf allen Plattformen auch immer eine Frage von guter Gestaltung.

Als Gestalter ist mir das schicke und moderne Aussehen der digitalen Produkte wichtig. Aber auch eine gute und einfache Bedienbarkeit; das ist die Gebrauchs-Tauglichkeit. Ich gestalte passend zur Technik und helfe bei der technischen Umsetzung vom Design. Und nun kümmere ich mich mit voller Leidenschaft und Expertise um Barriere-Freiheit. Menschen mit Behinderungen sollen auch gute IT-Lösungen zu ihrer Verfügung haben.

In den vergangenen Jahrzehnten habe ich wohl mehrere hundert Projekte gemacht. Das war für verschiedenste Branchen, Bereiche,

Kunden, Firmen-Größen und Technologien. Ich habe bereits für kleine, mittlere und richtig großen Unternehmen gearbeitet. Dabei konnte ich viel Erfahrung sammeln – sowohl angestellt als auch selbständig. Das Thema Barriere-Freiheit ist dabei leider immer nachrangig behandelt worden.

Ich habe zwei Unternehmen gegründet, die ich auch leite als Geschäftsführer. In dem Unternehmen HeiReS bin ich verantwortlich für Geschäftsführung und Gestaltung. Die Firma HeiReS führe ich mit meinem Ehemann Lars Heinrich. Wir haben sie schon 2012 in Dresden gegründet. Gemeinsam mit unserem 12-köpfigen Team arbeiten wir für verschiedenen Kunden. Das tun wir in den Bereichen Konzeption, Gestaltung, Entwicklung und Projekt-Leitung.
Zusätzlich leite ich im Ehrenamt das gemeinnützige Unternehmen IT-hilft gGmbH. Die IT hilft gGmbH habe ich mit meinem Bruder Armin zusammen 2017 gegründet. Wir möchten mit kostenfreien nützlichen IT-Lösungen benachteiligten Menschen helfen.

Für meine bzw. unsere Design-Leistung bin ich mit einigen Preisen geehrt worden. 5 Jahre lang bekam ich den Most Valuable Professional MVP Award von Microsoft. Den Preis erhalten nur wenige tausend Menschen weltweit für Expertise und Engagement. Ich habe auch schon einige sehr anerkannte Preise für tolles Design erhalten. Einer ist der Red Dot Award. Das ist ein wichtiger internationaler Preis für Gestalter. Er ist eine besondere Auszeichnung für besonders gute Gestaltung und Bedienbarkeit. Zudem erhielt ich einen German Design Award und den internationalen A Design Award.

Vielleicht fragen Sie sich, was hat das eigentlich alles mit Barriere-Freiheit zu tun hat. Ich erlebe sehr oft, dass sich fast keiner für Barriere-Freiheit interessiert. Bislang ist es für viele Menschen ein eher unwichtiges Thema. Wenn ich nach barrierefreier Gestaltung frage, ist die Antwort leider oft: „Behinderte haben wir hier nicht." oder „Das ist ja so teuer." „Das können wir ja am Schluss machen." Und sogar „Was ist das überhaupt?"

Ich erlebe leider viel Unsicherheit und fehlendes Interesse beim Thema Barriere-Freiheit. Gerade in der IT-Branche ist das für viele Menschen ein schwieriges Thema. Nur wenige Menschen interessieren sich dafür, weil sie kaum betroffen sind.
Es fehlt auch eindeutig an Wissen rund um digitale Barriere-Freiheit. Kunden und Dienstleister achten nur wenig auf die Einhaltung von Vorgaben zu Barriere-Freiheit. Daher gibt es in der digitalen Welt auch noch so viele Barrieren. Diese hindern die Menschen an ihrem Menschen-Recht auf Teilhabe.

Das muss sich dringend ändern, damit alle Menschen digitale Lösungen nutzen können. Digitale Produkte sollen auch von Menschen mit Einschränkungen nutzbar und bedienbar sein. Barriere-Freiheit habe ich daher zu meiner wichtigsten Aufgabe für die nächsten Jahre festgelegt. Zum Glück habe ich dabei mehr und mehr Hilfe von anderen Menschen. Meine Mitarbeiter unterstützen mich und machen mit. Wir von HeiReS stehen fachlich voll und ganz für Barriere-Freiheit ein. Unsere gemeinnütziges Schwestern-Unternehmen IT hilft gGmbH steht für eine menschenfreundliche Welt ein.

HeiReS als IT-Dienstleister für Barriere-Freiheit

HeiReS ist ein IT-Unternehmen mit Hauptsitz Dresden und Büro in Aachen. Der Firmenname ist „Heinrich und Reuter Solutions GmbH" – HeiReS ist die Kurzform. Mit meinem Mann Lars Heinrich zusammen habe ich HeiReS gegründet. Wir beide leiten die Firma als Geschäfts-Führer, arbeiten aber auch beide als Experten mit.

Wir helfen unseren Kunden dabei, bessere digitale Lösungen zu erschaffen oder vorhandene IT-Lösungen zu verbessern. Diese werden durch uns gut bedienbar gemacht, modern gestaltet und professionell programmiert. Als End-Produkte gestalten und entwickeln wir also Software, Apps und Webseiten für unsere Kunden. Zudem unterrichten wir in Weiterbildungen, Schulungen und Online-Kursen. Das machen wir zu unseren Fach-Themen, unter anderem zu Barriere-Freiheit.

Unser erfolgreiches Dienstleistungs-Unternehmen gibt es seit 2012. Wir sind aktuell 12 festangestellte Mitarbeiter, wachsen aber weiter. Es gibt bei uns Gestalter, Entwickler und Mitarbeiter für Werbung und Büro-Arbeit. Alle Leute sind in ihrem Fachbereich bestens ausgebildet und sehr erfahren. Wir sind lustig, weltoffen und familien-freundlich, also ein buntes freundliches Team.

Bei HeiReS arbeiten wir als Gestalter und Entwickler auch an barrierefreien Lösungen. Wir erbringen dabei Dienst-Leistungen für alle Arten von digitalen Lösungen.
Zusammen mit der gemeinnützigen IT hilft gGmbH unterstützen wir Barriere-Freiheit und Inklusion. Unsere beiden gemeinsam geschaffenen digitalen Plattformen sind kostenlos, zugängig und hilfreich. Im Mittelpunkt von diesen digitalen Lösungen steht immer der Mensch, dem sie helfen soll.

Gemeinnützige IT hilft gGmbH für mehr Inklusion

Mein zweites Unternehmen ist die gemeinnützige IT hilft gGmbH. Diese gibt es seit 2017. Sie ist offiziell auch vom Finanz-Amt als gemeinnützig anerkannt und kann Spenden-Belege ausstellen. Dieses gemeinnützige Unternehmen kümmert sich um sozial gerechte IT-Projekte. Wir wollen, dass auch benachteiligte Menschen an digitalem Wandel teilhaben können. Die IT hilft gGmbH habe ich mit meinem Bruder Armin Reuter gegründet.

Wir haben eine normale Arbeit in der IT-Branche. Für die IT hilft gGmbH sind wir beiden im Ehrenamt tätig, also ohne Geld zu erhalten.

Es gibt 4 große gemeinnützige Aufgaben und offizielle Zwecke von der IT hilft gGmbH.

- Wir unterstützen gelebte Welt-Offenheit und gelingende Integration.

- Wir fördern besseres Lehren und Lernen mit digitaler Unterstützung.

- Wir wollen faire Chancen in Arbeitsmarkt und Gesellschaft für alle Menschen.

- Wir stehen für gelingende Inklusion und schaffen Barriere-Freiheit in der digitalen Welt.

In allen 4 Bereichen sind Barriere-Freiheit, Teilhabe und Inklusion wesentliche Elemente. Immer steht der Mensch im Mittelpunkt von unserer Arbeit anstelle von Profit. Als gemeinnütziges Unternehmen investieren wir alles in die Ziele für die Gesellschaft.

Gemeinsam soziale Verantwortung übernehmen

Insbesondere Unternehmen haben soziale Verantwortung – desto größer sie sind, umso mehr. Wir von HeiReS erschaffen daher immer wieder mit unseren Kenntnissen etwas Hilfreiches. Wir haben schon 2 hilfreiche große Plattformen entwickelt, die deutschlandweit verfügbar sind. Diese Plattformen sind generell kostenlos für alle Menschen nutzbar. Sie sollen den Nutzern bei der Bewältigung von ihrem Alltag helfen. Die Plattformen heißen Welcome-App-Germany und Familie-und-Beruf. Eine Plattform ist für Einwanderer und Mitmenschen aus dem Ausland in Deutschland gemacht. Dort kann man sich informieren und erhält direkte Hilfen sowie Kontakte vor Ort. Damit die Nutzer alles gut verstehen, ist die Plattform in 16 Sprachen verfügbar. Die Welcome App-Germany gibt es deutschlandweit und für über 25 Regionen. Die andere Plattform ist für Familien, Berufs-Tätige und Firmen ausgearbeitet. Sie hilft allen, ein gutes Gleichgewicht von Familienleben und Berufsleben zu bekommen. Diese Plattform gibt es aktuell für das Bundesland Sachsen und die Stadt Dresden.

Beide Plattformen sind so barrierefrei wie möglich umgesetzt. Aber wir verbessern sowohl Technik, Inhalte als auch Barriere-Freiheit stetig. Unser besonderes Beispiel-Projekt ist die Plattform zur Vereinbarkeit von Familie und Beruf. Wir zeigen an dieser Plattform auch, wie Barriere-Freiheit richtig umgesetzt sein sollte. Schauen Sie doch mal rein.
dresden.familie-und-beruf.online

Danke an alle, die mich unterstützt haben

Ein Buch wie dieses entsteht nur mit Hilfe von anderen Personen. Mein besonderer Dank gilt daher all den lieben Menschen, die mitgewirkt haben. Nur dadurch konnte es ein Erfolg werden.

Danke an die HeiReS als Verleger für Mitschreiben, Lektorat, Layout, Druck und Verbreitung. An all meine lieben Kollegen bei HeiReS und IT hilft für die stetige Unterstützung.

- An Armin für das Mitschreiben an fachlichen Themen

- An Lars für die liebevolle persönliche Unterstützung

- An Marika für das gewissenhafte Korrigieren

- An Simone für die stetige Rundum-Unterstützung

- An Thea für die schicke und barrierearme Gestaltung

- An Adina für die Sicherstellung von Verständlichkeit

- An Manu für die Unterstützung in Werbung und Social Media

- An Yazan für die Organisation von Lieferung und Versand

Danke auch an alle Menschen in meinem direkten Umfeld für den wertvollen Austausch. Das gilt auch für die Mitglieder von meinen Gruppen in den sozialen Medien. Ebenso danke ich meinen engagierten Social-Media-Freunden für ihr eifriges Teilen.

Besonderen Dank richte ich die gemeinnützige IT hilft gGmbH für ihre Unterstützung bei der Verbreitung. Der Dank geht auch an die Unterstützer aus Politik, Gemeinwohl und Unternehmen.

Breite Möglichkeiten für ein Miteinander

Gemeinsam können wir die digitale Welt besser und freundlicher machen. Ich wünsche Ihnen viel Freude beim Lesen, besonders aber beim Umsetzen. Durch direktes Handeln gestalten Sie aktiv gelingende Inklusion mit. Besonders die von Barrieren und Einschränkungen betroffenen Menschen werden es Ihnen danken.

Sie können Teil von dem Buch und der Bewegung zu mehr Barriere-Freiheit sein. Dabei haben Sie verschiedene Möglichkeiten, aktiv mitzuwirken:

• Sie können gerne einen Beitrag zum Inhalt schreiben.

• Vielleicht ist ja sogar ein Vorwort von Ihnen passend.

• Durch ein Zitat und Empfehlung zeigen Sie Wertschätzung

• Bei Bestellung von mehreren Büchern erhalten Sie Rabatt.

Hier ein besonderer Vorschlag an Sie, meine lieben Leser:
Bei Abnahme von vielen Büchern halte ich gerne einen kostenfreien Vortrag. Sie zahlen nur die Bücher sowie zusätzlich die Reisekosten. Mit Vortrag und Buch machen Sie Ihre nächste Veranstaltung zu etwas Besonderem.

Weitere Möglichkeiten klären Sie bitte direkt mit uns. Sie können uns anrufen über 0351-65615776. Oder schreiben Sie uns eine Mail an buch@heires.net

Wir freuen uns sehr ein aktives Miteinander im Sinne von breiter Barriere-Freiheit und gelingender Inklusion.
Herzliche Grüße
Ihre Peggy Reuter-Heinrich und das HeiReS-Team

Einladung zum Nachdenken und Umsetzen

Wenn Sie Lust haben, besuchen Sie mich unter:
www.peggy-reuter-heinrich.net
Ich freue mich darauf, Sie kennenzulernen – egal über welchen Kanal. Mich interessiert wirklich, was Sie machen und was Sie bewegt. Wie ist Ihre Verbindung zu dem Thema Barriere-Freiheit in der digitalen Welt? Vielleicht kann ich Ihnen sogar helfen bei Ihren Herausforderungen. Schreiben Sie mir auch gerne an buch@heires.net

Raum für Ihre Notizen